W0244316

Gunda Dworschak / Alfred Wenke

HOLZWOHNHÄUSER

Internationale Projekte unter 2.000 DM pro qm

Gunda Dworschak / Alfred Wenke

idee + detail

HOLZWOHNHÄUSER *id*

Internationale Projekte
unter 2.000 DM pro qm

Verlag für Bauwesen
Berlin

International bekannte Architekten und Fotografen ermöglichten mit ihrer Leistung und durch ihre Mitarbeit die Realisierung dieses Buches. Ihnen und ihren Mitarbeitern sei an dieser Stelle herzlich gedankt.

Titelbild:
Wochenendhaus für Prof. Reischl
Lavantegg, Steiermark/Kärnten
Architekt: Volker Giencke, Graz
Fotograf: Paul Ott, Graz

Die Deutsche Bibliothek - CIP-Einheitsaufnahme

Holz-Wohnhäuser : internationale Projekte unter 2.000 DM pro qm / Gunda Dworschak; Alfred Wenke.- Berlin : Verl. für Bauwesen, 1998
ISBN 3-345-00644-8

ISBN 3-345-00644-8

© Verlag für Bauwesen 1998

10407 Berlin, Am Friedrichshain 22
Verlag für Bauwesen ist ein Unternehmen der HUSS-Verlagsgruppe Berlin-München
Printed in Germany
Reproarbeiten: Karl Findl & Partners GmbH & Co.KG
Druck und Bindearbeiten: Grafos S.A. Arte sobre papel
Lektorin: Renate Marschallek
Gestaltung und Herstellung: Christine Bernitz

EINLEITUNG

UNTER DEM LIMIT

Neue Wege im kostengünstigen Wohnungsbau zu finden ist wohl so mühselig, wie den Stein des Weisen zu entdecken. Das soll nicht heißen, daß unsere Recherchen auf diesem Gebiet ergebnislos verliefen. Doch konnten wir feststellen, daß sich im Holzbau die Entwicklungen durchaus auf bekannten Wegen weiterbewegten. In konsequenter Weise sind bekannte und bewährte Konstruktionen verfeinert und im Hinblick auf die neu entstandenen Holzwerkstoffe modifiziert worden. Diese neuen Werkstoffe machen es möglich, leichtere Tragelemente zu entwickeln und den Rohstoff Holz effektiver auszunutzen, was sich folglich auch auf die Baukosten niederschlägt.

Der Schritt, flächige Bauelemente aus Holzstielen in der Werkstatt oder Fabrik vorzufabrizieren und sie dann in relativ kurzer Zeit auf der Baustelle aufzustellen, wurde wieder aufgegriffen und führte tatsächlich zu einer deutlichen Verkürzung der Bauzeiten und damit auch zu einer Reduktion der Baukosten. Doch genau an dieser Stelle kann man sehen, daß diese Ansätze nicht neu sind. Bereits in den zwanziger Jahren entwickelten bekannte deutsche Architekten ein Fertigbausystem in Holzbauweise, auf dem diese heutige Weiterentwicklung basiert. Auch in der jüngeren Vergangenheit hat sich, zum Beispiel in den skandinavischen Ländern, Wohnungsbau in Leichtbauelementbauweise etabliert, von dessen Erfahrungen auch jetzt noch Impulse auf die Entwicklung in Deutschland einwirken.

Natürlich ist diese Zielrichtung nicht der einzige Weg, über den sich Baukosten beim Wohnungsbau senken lassen und sollte nicht die einzige Blickrichtung des Buches sein. Nicht zuletzt ist diese - sehr bedeutende - Möglichkeit, Kosten zu sparen, nur bei größeren Projekten sinvoll einzusetzen.

Da in den Beiträgen auch kleine Bauanlagen bis hin zum Einfamilienhaus vorgestellt werden sollten, wo man Baukosten auch auf andere Weise als durch Vorfabrikation einsparen kann, haben wir für die Auswahl der Projekte nachfolgende Kategorien entwickelt:

Im thematischen Bereich »Vorfertigung und Modul« werden Beispiele vorgestellt, die sich dadurch auszeichnen, mit industriell lieferbaren Halbzeugen und Serienprodukten eine eigene Systematik zu entwickeln, die die Ausgangselemente in einer neuen Ordnung zusammenfaßt. Das australische Beispiel der Architekten Lindsay und Kerry Clare demonstriert gerade diese, ein hohes Maß an Entwurfs-Disziplin fordernde Arbeitsweise auf eindrucksvolle Weise.

Das Haus Reischl in Lavantegg - Architekt V. Giencke - entstand in einem aus den USA bekannten Bausystem, dem ballon-frame. Diese Holzrahmenbauweise baut auf einem Ständerwerk eng stehender Stiele auf, die nur mit einfachen technischen Hilfsmitteln zusammengefügt werden. Diese einfachen Verbindungen sind unkompliziert zu erstellen, was die Bauzeit des Gebäudes erheblich verkürzt. Gerade bei kleinen Bauvorhaben, wo sich der Bauherr selbst am Bau beteiligt, kann durch diese, auch von Laien leicht erlernbare Technik Geld eingespart werden.

Dies ist das Stichwort für die zweite Kategorie »Mit Eigenleistung«: Die einfache Verarbeitung von Holz ermöglicht es handfertigen Bauherren, einen wesentlichen Teil der Bauarbeiten am Haus selbst zu erledigen, weitaus mehr als die üblichen Anstricharbeiten. Willige Bauherren können unter Anleitung eines Tischlers Trockenbauwände aufstellen oder Holzbalkendecken montieren, Fußböden verlegen und mit Hilfe der Installateure auch Leerrohre für Elektroleitungen verlegen. Von der Genugtuung, das eigene Haus selbst zu bauen abgesehen, spart man durch diese Muskelhypothek das, was im Baugewerbe am teuersten ist, nämlich die Lohnkosten. Dies ist der Fall beim Haus »Gucklhupf« am Mondsee in Österreich, wo der Architekt Hans Peter Wörndl zusammen mit zwei Arbeitern das skulpturähnliche Haus innerhalb von drei Monaten fertigstellen konnte. Die sehr niedrigen Kosten dieses mittlerweile abgebauten Objektes von 1 300,-DM pro Quadratmeter Wohnfläche sind natürlich auch anderen Faktoren, wie dem Verzicht auf eine kostenintensive Unterkellerung, der Fassadenverkleidung aus vorgefertigten Elementen und dem reduzierten Ausbaustandard, zuzuschreiben.

Hier wird auch das Problem der Zuordnungskriterien deutlich, die sich aus der Systematik der Gliederung dieses Buches ergeben. Sicher wäre es möglich gewesen, das eine oder andere Projekt auch in einer anderen Kategorie vorzustellen. Die Auswahl erfolgte letztendlich danach, welches unserer Ansicht nach der wichtigste Aspekt bei der Kostensenkung war. Bei jedem der vorgestellten Projekte ergab sich der günstige Preis dabei aus der Summe einzelner Effekte.

Der dritte Abschnitt in der Projektzusammenstellung widmet sich einem Thema, das sich weniger mit den baukonstruktiven Bedingungen auseinandersetzt, sondern den Bereich beleuchtet, wo sich pfiffige Ideen in der Materialverwendung zeigen oder durch den Einsatz untypischer, aber kostengünstiger Materialien im Innen- und Außenbereich Kosten sparen ließen. Ob man dabei den puristischen Weg geht, den Ausbau auf ein Minimum zu reduzieren und einfach einen bewohnbaren Rohbau anzubieten, wie es das Sommerhaus zeigt, daß der Architekt M. Kunath aus Wien baute, oder aber ein geglückter »Materialmix« entsteht, wie es das Beispiel des japanischen Architekten Kazuhiko Namba vorführt, verdeutlicht die Spannweite dieses Themas. Gerade das japanische Beispiel zeigt, daß eine strenge und diszipliniert entwickelte Grundkonstruktion aus Holz hervorragend geeignet ist, Serienprodukte aus anderen Materialien und Fertigungsprozessen maßgenau aufzunehmen.

Der vierte Teil des Buches unter dem Titel »In Gemeinschaft« stellt die zu Beginn des Vorwortes angesprochene Konstruktionsweise in den Vordergrund. Bauen für eine Gemeinschaft oder eine Bewohnergruppe bedeutet den Bau mehrerer ähnlicher Einheiten, die auf einem gemeinsamen Grundraster mit gleichen bzw. ähnlichen Elementen basieren. Hier lassen sich die Vorzüge der Vorfabrikation und der Serienherstellung von Fertigteilen aus Holz ideal einsetzen. Neben den bekannten Tafelelementen aus vorgefertigten Holzrahmen etablieren sich langsam auch die sogenannten Dickholzelemente aus kreuzweise verleimten Brettern. Diese moderne Art des Tafelbaus hat den Vorzug, daß minderwertige Hölzer ebenso mitverarbeitet werden können, ohne das Gesamtverhalten des Bauteils negativ zu beeinflussen.

Abschließend seien noch ein paar Bemerkungen zum Verständnis des Buches erlaubt. Die hier gewählte Kostengrenze von 2 000.-DM pro Quadratmeter Wohnfläche bedarf zur richtigen Einordnung einer genaueren Erläuterung. Zu Beginn unserer Arbeit mußten bei der Aufstellung der Gesamtbaukosten vergleichbare Standards geschaffen werden. In Deutschland gibt uns die DIN 276 ein Instrument in die Hand, daß Kostenvergleiche von Hochbauten innerhalb des Landes ermöglicht. Wir haben uns hier wie allgemein üblich auf die Kostengruppen 300 und 400, also auf die reinen Baukosten, beschränkt. Schon mit Projekten, die nach dem Schweizer Kostenermittlungsverfahren berechnet werden, gestaltet sich der Vergleich schwierig, da hier in den Baukosten die Honorare von Architekten und Ingenieuren mit einfließen und damit zu weitaus höheren Baukosten führen.

Im internationalen Projektvergleich wurde unabdingbar, die Preisindizes zu vereinheitlichen. Bei den zur Deutschen Mark relativ stabilen Währungen wie z. B. dem Österreichischen Schilling geht das problemlos, aber beim Japanischenist Yen und dem Australischen Dollar wird die Aussage zwangsläufig unpräzise.

Die Mehrwertsteuersätze in den einzelnen Ländern schwanken zwischen 0 und 20 %. Um diesen Faktor zu vereinheitlichen, haben wir uns entschlossen, die Mehrwertsteuer generell aus der betreffenden Summe herauszuziehen und getrennt auszuweisen.

In den sogenannten Steckbriefen, die die Daten der einzelnen Projekte zu Beginn der Dokumentationen zusammenfassen, weisen wir unter anderem die den Bau besonders kostengünstig machenden Faktoren aus. Diese wurden jeweils den Angaben entnommen, die uns die einzelnen Planer dazu machen konnten. Teilweise wird man im Steckbrief die Angabe finden, daß der niedrige Baupreis auf ein günstiges Angebotsniveau zurückzuführen war. Diese Aussage gilt zumindest in der Hinsicht grundsätzlich, daß die Wiederholung desselben Baus selbst am gleichen Ort zu völlig von einander abweichenden Kosten führen kann - allein schon deswegen, weil andere Handwerker beteiligt sind und andere Preise ausgehandelt werden. Der Bau von Häusern bedeutet auch in der Gegenwart, trotz möglicher Vorfertigung und Serienherstellung, vor allem die Arbeit an Prototypen und Unikaten.

Die Verfasser

VORFERTIGUNG UND MODUL

Diese Bauweise ermöglicht reduzierte Bauzeiten und wetterunabhängige Fertigung einzelner Elemente, deren kurze Montagezeit für ein Einfamilienhaus je nach System und Größe der Teile drei Tage oder zwei Monate betragen kann. Sie trägt im Holzbau nicht nur besonders zur Kostensenkung bei, sondern ist auch gesundheitlich unbedenklich und wärmetechnisch problemlos einsetzbar.

Australien
Ein »Clares« Haus

Objekt:	Einfamilienhaus am Hang
Standort:	Sunshine Coast, Queensland
Architekten:	Lindsay & Kerry Clare Maroochydore South
Bauzeit:	sechs Monate
Nutzfläche:	250 m^2 + 70 Terrassen und Pkw-Unterstellplatz
Baukosten:	ca. 800,- DM/m^2 Nutzfläche
kostengünstig:	modulare Vorfertigung, Materialien, offener Grundriß, keine Unterkellerung

Die Sunshine Coast am Pazifischen Ozean in Australien befindet sich ca. 500 km südlich des Wendekreises des Steinbocks.

Die australischen Architekten Lindsay und Kerry Clare bauten vor wenigen Jahren für sich und ihre fünf Kinder ein Einfamilienhaus in der Nähe von Buderim bei Brisbane, Hauptstadt des australischen Queensland. 800 km nördlich von Sydney gelegen, ist diese Zwei-Millionen-Stadt Zentrum der Sunshine Coast, eine der beliebtesten Küsten von ganz Australien. Daß diese Region in den letzten Jahren eine der höchsten Bevölkerungszuwachsraten in Australien registrieren konnte, ist unter anderem klimatisch erklärbar. Das warme, vom Meer und den Winden temperierte Klima, die üppige subtropische Vegetation, das großzügige Panorama über den Ozean und die Strände bilden hier ein einmaliges, faszinierendes Ensemble.

Um der großen allgemeinen Nachfrage und dem eigenen Budget gerecht zu werden, ist das Eigenheim der Architekten ein modifizierbarer Prototyp für kostengünstiges Bauen.

Grundriß Erdgeschoß M. 1 : 200

1. PKW-Unterstellplatz mit Waschzone
2. Zugangssteg
3. überdachter Vorplatz
4. Eingang
5. Essen
6. Wohnen
7. Kochen
8. Arbeitstisch
9. Treppe
10. Bad
11. Schlafraum der Eltern
12. Einbauschränke
13. Terrasse

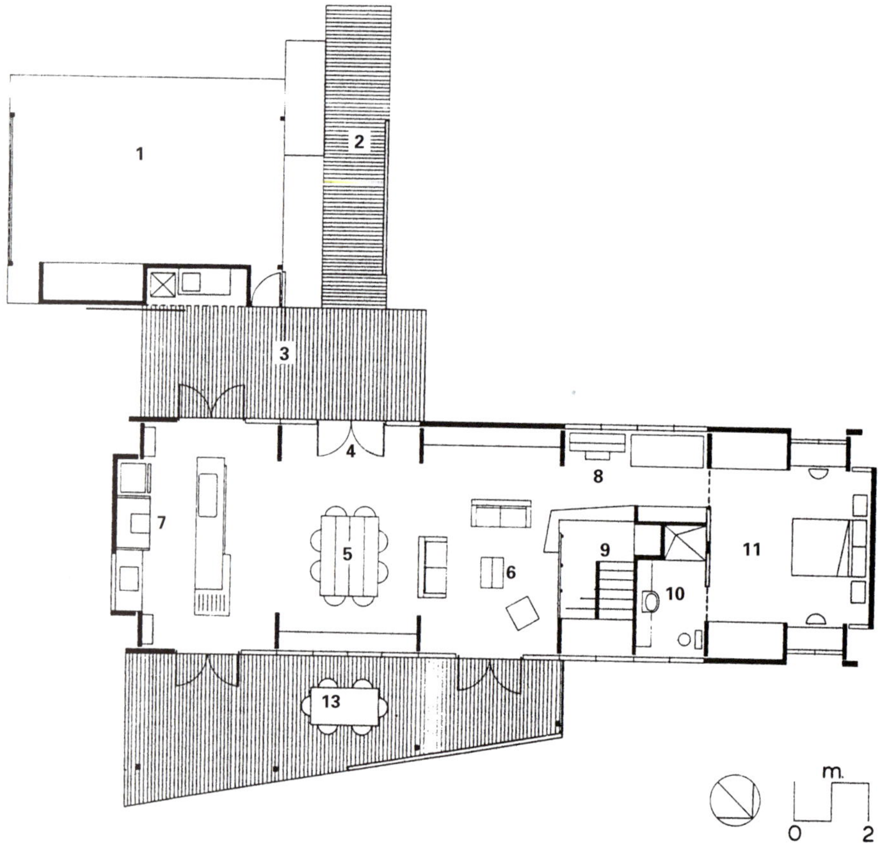

Das Licht ist wahrscheinlich das wesentliche Element der Planung. Differenzierte Öffnungen ergeben sich aus der feinfühligen Analyse der Lage und der klimatischen Verhältnisse der Region.

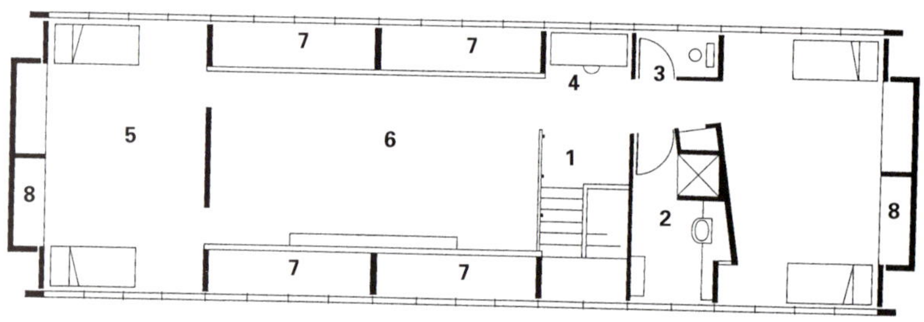

Grundriß Obergeschoß

1. Treppe
2. Bad
3. WC
4. Arbeitstisch
5. Kinderzimmer
6. Spielgalerie
7. Luftraum zum EG
8. Einbauschränke

Klein durfte das Haus nicht ausfallen, da die eigene siebenköpfige Familie unterzubringen war. Das schlanke, ca. 6 x 20 m große Gebäude besitzt weder einen Keller noch ein Dachgeschoß, seine 250 m² Wohnfläche werden auf zwei Geschossen voll ausgenutzt.

Die Clares verzichten gern auf intellektuelle Grundsätze und raffiniertes Design; sie suchen hingegen eine kostengünstige und praktische Bauweise in einem unspektakulären menschlichen Maßstab.

Eine Bananenfarm befand sich ehemals auf dem Gelände. Aus diesem Grund gab es nur wenige große Bäume auf dem Grundstück. Das Haus steht über den Erdreich aufgeständert quer zum Hang, damit die Wohnseite mit der vorgelagerten Terrasse von der Sonne, die in Australien im Norden steht, und von dem Blick über den nahen Ozean profitieren kann. Auf der gegenüberliegenden Seite befinden sich neben dem Zugangssteg ein überdachter Unterstellplatz für zwei Pkw's und ein Waschbereich, der bei den konkreten klimatischen Verhältnissen problemlos im Freien liegen kann. Eine zweite überdachte Terrasse bildet den Vorraum der Eingangstür, die direkt in den großzügigen Eß- bzw. Wohnbereich und zu der zur Straße hin orientierten Kochzone führt. Am gegenüberliegenden Kopfende, hinter der offenen Treppe, befinden sich das Schlafzimmer und Bad der Eltern - die einzigen wirklich separaten Räume. Das Obergeschoß gehört vollständig den fünf Kindern. Zwischen zwei geräumigen Schlafzimmern an den Kopfenden steht ihnen ein großer zentraler Gemeinschaftsraum zur Verfügung. Durch die in diesem Bereich um einen Meter von den Außenwänden zurückversetzten Bodenplatte erhält der Raum eine interessante doppelstöckige Qualität. Das Bad, mit getrenntem WC, liegt über dem des Erdgeschosses.
Dank des von den Architekten entwickelten Tragsystems bleibt der gesamte Innenraum in beiden Geschoßen frei von tragenden und aussteifenden Elementen und erhält einen großzügigen, loftähnlichen Charakter. Erwünschte zusätzliche Abtrennungen können allerdings problemlos hinzugefügt werden.

Dank der günstigen Lage am Hügel gegenüber dem Ozean profitiert das Haus im Sommer von den aufsteigenden erfrischenden Meereswinden und nutzt im Winter die flachliegenden Sonnenstrahlen.

Als modularer Prototyp für kostengünstige Einfamilienhäuser entstand das spiegelbildlich konzipierte Haus. Die Architekten setzten im Gegensatz zu den verbreiteten, großen oder kleinen, maßgeschneiderten »Villen« auf die Flexibilität eines anpassungsfähigen und preiswerten Moduls: besondere, aber selten ausgenutzte Vorteile der hierzulande stark verbreiteten Holzbauweise. Je nach Lage, Raumplan oder Materialvorliebe kann diese besondere Holzstruktur ein anderes Gesicht erhalten und sich somit den Wünschen vieler unterschiedlichen Bauherren anpassen. In ihrer architektonischen Entwicklung haben Lindsay und Kerry Clare alles Einfache, Nötige und Kostengünstige in einer von den traditionellen Bauwerken startenden Haltung weiterentwickelt und in eine moderne Sprache hinsichtlich Technik und Gestaltung umgesetzt. Damit gelingt ihnen in hervorragender Weise die Vereinigung von rationaler moderner Architektur und örtlicher sowohl historischer als auch bautechnischer Tradition - zu einem auch für australische Verhältnisse sehr günstigen Preis.

600,- AUS $ pro m^2 Wohnfläche entsprechen ca. 600,- DM. Was für europäische Verhältnisse unglaublich klingt, ist auch für Australien sehr günstig, aber durchaus kein Einzelfall. Von Architekten entworfene Häuser kosten in dieser Region zwischen 800,- und 1 400,- Australische Dollar, ein Preis, der unter anderem mit der Nähe zum Ozean variert. In den Großstädten wie Sydney oder Melbourne steigen die Preise; weitaus günstiger sind dagegen die schlüsselfertige Häuser, die von Bauunternehmen und Fertigbaufirmen angeboten werden. Sie liegen zwischen 500,- und 800,- AUS $. Durch ihren Bau haben die Clares es geschafft, in Konkurrenz mit den Häusern aus dem Katalog zu treten. Es besteht die berechtigte Hoffnung, daß sich durch den Kostenfaktor langsam etwas in der meist vorgefertigten australischen Architekturlandschaft verändern wird.

Das konstruktive System dieses Holzskelettbaus ist einfach und gleichzeitig raffiniert. Das ca. 6 m breite und 20 m lange Rechteck ist in fünf Felder à 3,75 m aufgeteilt. Das Gewicht der überspannenden Fachwerkträger des Daches und das der Balkenlage der Obergeschoßdecke wird anstelle der üblichen Hauptstützen von einen Meter tiefen Querschotten aufgenommen, die gleichzeitig auch für die Aussteifung sorgen. Sie ragen über ihre Breite in die Wohnfläche hinein. Geschickt werden die sich ergebenden Nischen ausgenutzt; sie bestimmen außerdem den Rhythmus der Raumabfolge. Die Tragachse liegt auf der Innenseite der Querschotten; unter der Balkenlage der Erdgeschoßdecke wird die Last von großen Holzstützen mit diagonalen Aussteifungen aufgenommen. Versteckt, dem Geländeverlauf folgend, wird das Gewicht letztendlich auf Einzelfundamente aus Beton übergeleitet.

Praktische Überlegungen, die auf Raum und Lichtqualität basieren, sind Ausgangspunkt dieser Architektur. Die Bewohnbarkeit bzw. die Bedürfnisse der Nutzer haben den Vorrang vor Gestaltung und Design. Entwurfbestimmend sind auch die Einfachheit der Konstruktion bzw. Transport und Montage der Bauteile sowie die Kostenreduzierung.

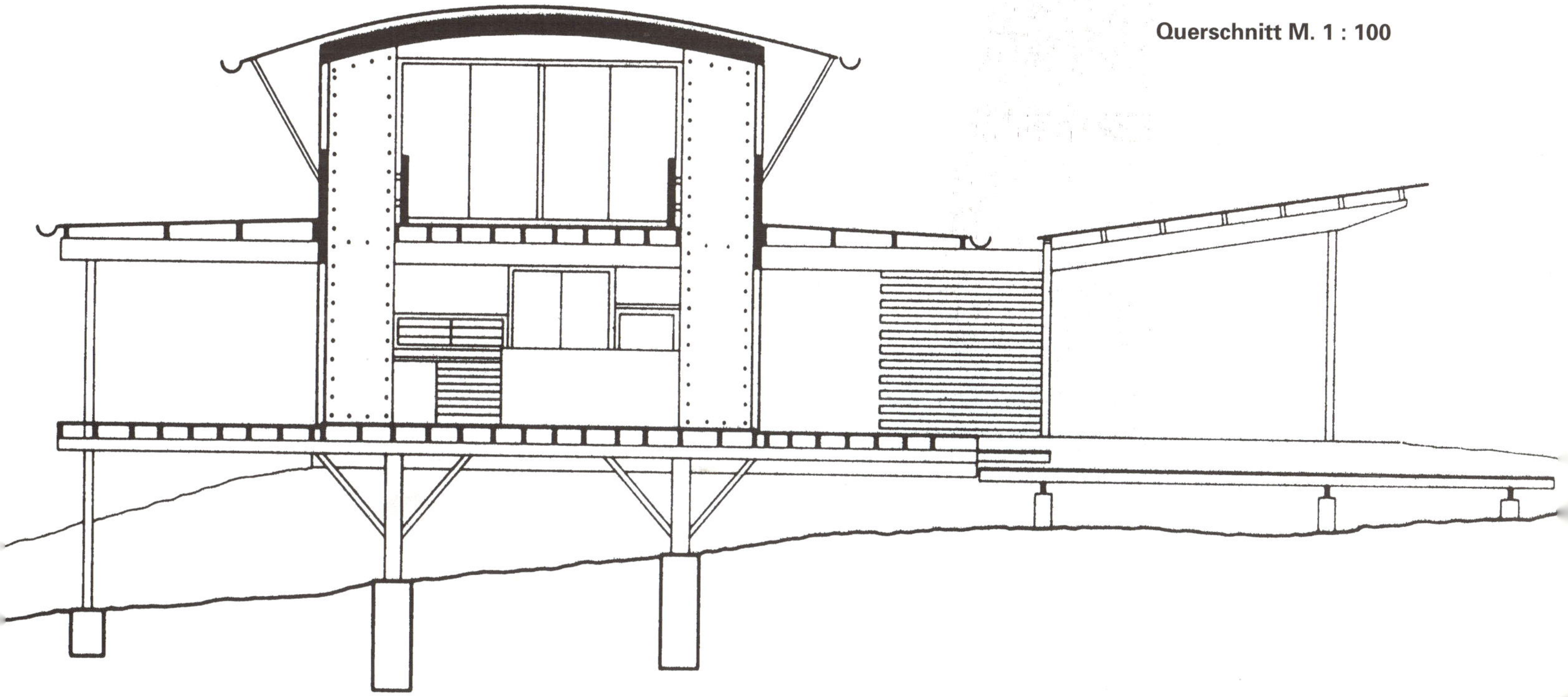

Querschnitt M. 1 : 100

Die Fassadengestaltung wiederspiegelt die pragmatische Haltung des Gesamtentwurfes. Die größeren Öffnungen im Erdgeschoß entsprechen den innenräumlichen Notwendigkeiten. Das dank dem Skelettbau mögliche durchgehende Schiebefensterband im Obergeschoß kann sich eventuellen Veränderungen der inneren Aufteilung anpassen.

Das Bauen in subtropischen Breitengrade ist zweifelsohne einfacher als in Mitteleuropa, wo man mit 40 °C Temperaturschwankungen rechnen muß. An der Sunshine Coast beträgt diese Temperaturschwankung maximal die Hälfte, und vor allem unterschreitet das Thermometer so gut wie nie 15 °C. Daher besitzen diese Häuser keine Heizanlage und kommen mit selten eingeschalteten Elektroradiatoren bestens aus. Dieser Faktor alleine würde die hiesigen Baukosten um mindestens 5 % reduzieren. Hinzu kommt die geringe Isolierung der Wände, die hauptsächlich vermeiden soll, daß sich das Gebäude im Sommer all zu sehr aufheizt. Eine gute Durchlüftung ist dagegen unbedingt nötig, weshalb im Clare-Haus neben den einfachverglasten Flügelfenstern (Alu, weiß lackiert) im Erdgeschoß und den Schiebefenstern (Alu, schwarz lackiert) im Obergeschoß zusätzlich an vielen Stellen die preiswerten sogenannten Lamellenfenster eingesetzt wurden. Diese aus dem Industriebau stammenden Ventilationsöffnungen gibt es seit einigen Jahren in Europa auch mit Isolierverglasung.

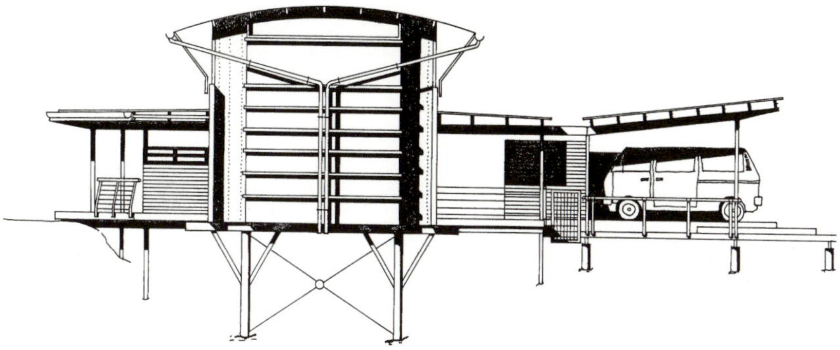

Nordwestansicht

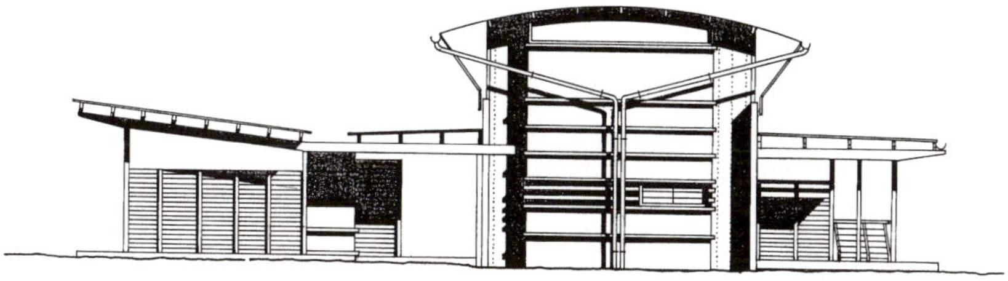

Südostansicht

Farbige Holzplatten und Aluwellblech wechseln sich an den Stirn- und Längswänden ab. Die differenzierte Verkleidung der einzelnen Fassadenelementen widerspiegelt die unterschiedliche Nutzung im Hausinneren. An den Kopfseiten setzt sich ein gelber Holzkasten von den rot lackierten Volumen des Hauses ab. Es handelt sich dabei im Prinzip um zwei riesige Einbauschränke, die offen auch dem Raum zugeschlagen werden können, wie im Elternschlafzimmer, wo zwei kleine Fenster in den Querwänden für zusätzliches Licht sorgen. Die Aluverkleidung entlang den Längsseiten steht um ca. 40 cm von der Gebäudeecke über; dadurch wirkt sie wie eine einzige angelehnte große Platte. Die Öffnungen sind hier differenziert den Nutzungen entsprechend eingeschnitten, während darüber ein durchlaufendes Fensterband das Obergeschoß erhellt und den Abschluß zum Dach bildet. Die flach auslaufende Blechabdeckung schützt vor direkter Sonneneinstrahlung, zusätzlich sind entlang der Südseite (unsere Nordseite) windbrechende Holzleisten an den diagonalen Zugstäben der Dachverankerung angebracht.

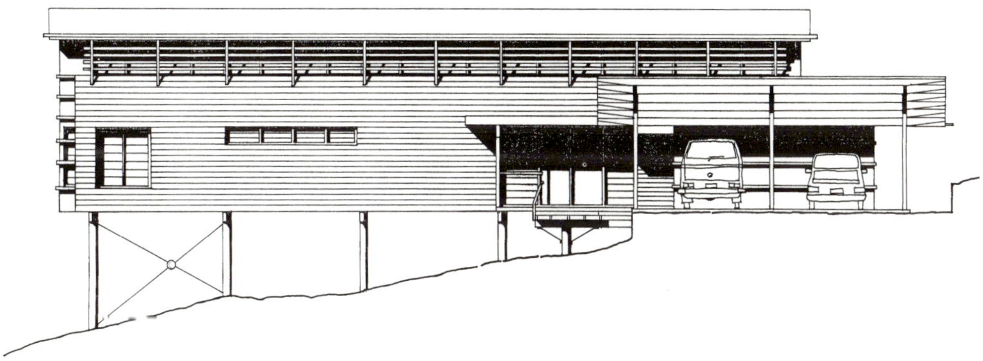

Südwestansicht

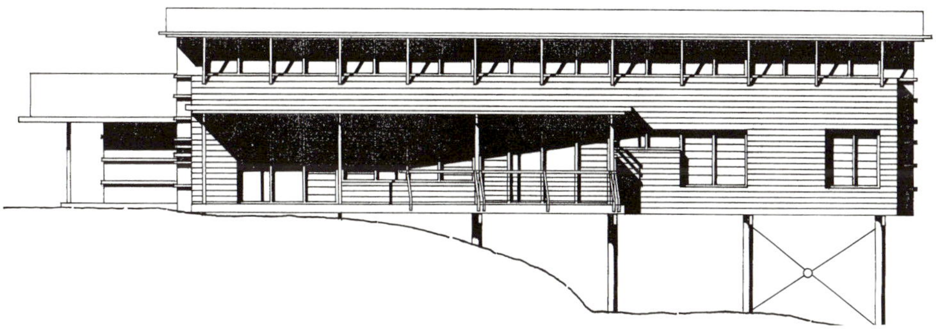

Nordostansicht M. 1 : 200

Der Innenraum ist von der loftähnlichen Raumabfolge, der differenzierten Belichtung und einer warmen Atmosphäre geprägt. Letztere entsteht vor allem durch die großzügige Holzverwendung an Böden, Wänden und Decken. Während die Tragstruktur der Obergeschoßdecke sichtbar belassen wurde, ist die leicht gewölbte Tonne des Daches mit hellen Fichtenholzpaneelen verkleidet. Das gleiche Material ist für die Wandoberflächen verwendet worden. Der große Spielflur im Obergeschoß kommuniziert direkt mit dem darunterliegenden Eß- und Wohnbereich über die Öffnungen, die sich durch die eingerückte Decke zwischen den Querschotten ergeben. Es entsteht eine unaufdringliche, besondere Doppelstöckigkeit, die die Nutzfläche unwesentlich reduziert und dem Wohnraum durch das von oben einfallende Licht den erwünschten dominanten Charakter verleiht.

Sämtliche Nischen, die sich zwischen den Querschotten ergeben, sind geschickt ausgenutzt worden, wie beispielsweise der eingebaute Schreibtisch im Elternschlafzimmer. Die darüberliegenden Durchlüftungsöffnungen sind im ganzen Haus verteilt. Diese in südlichen Ländern häufig verwendete Lüftungsweise ist kostengünstig und sehr einfach zu bedienen.

Der Eingang befindet sich rechts vom Eßplatz. Durch die Querschotten der Tragstruktur erhält er eine reduzierte, aber wichtige Abtrennung vom offenen Wohnbereich. Die Kochzone mit der freistehenden Arbeitsinsel ermöglicht durch ihre Lage am Kopfende des Hauses den Blick auf die Hauptstraße.

Deutschland
Einfachheit als Prinzip

Objekt: Einfamilienhaus am Ortsrand
Standort: Roßdorf, Odenwald
Architekten: werk.um, Darmstadt
E. Botta, E. Dingeldein,
Th. Lückgen, A. Steffen
Mitarbeiter: Thomas Stropeit
Bauzeit: 17 Wochen
Nutzfläche: 191 m^2
Baukosten: 1 694,- DM/m^2 Nutzfläche
zzgl. 15 % MwSt.
kostengünstig: vorgefertigte Elementbauweise,
kompaktes Volumen

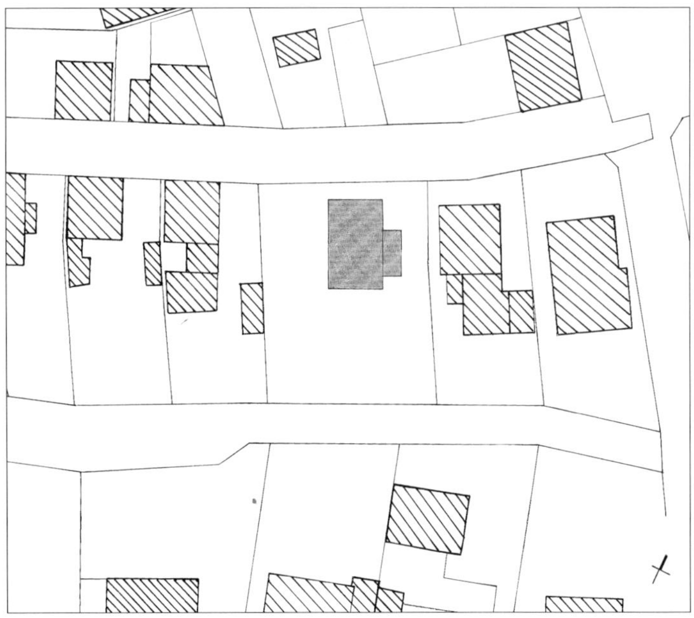

Lageplan M. 1 : 1 000

Das sehr einfache, ja fast unscheinbare Haus in Roßdorf verbirgt auf den ersten Blick unersichtliche Überraschungen. In Art und Nutzung mußte es seiner Umgebung angepaßt werden, was beispielsweise zu einer strengen Vorgabe hinsichtlich des Volumens, der Höhenabmessung, Dachneigung und der Firstrichtung führte. Die Gemeinde im Odenwald will mit diesen strengen Richtlinien die Einpassung von Neubauten in den intakten Baubestand sicherstellen. Der geringe Spielraum, den die Vorschriften zuließen, wurde zusätzlich vom knappen Budget der Bauherren eingeengt. So entstand ein Gebäude, dessen Modernität im Konzept der günstigen Bauweise mit vorgefertigten Holzelementen, in der Niedrigenergieversorgung mit Strahlungswänden und in der ökologischen Materialauswahl begründet liegt. Durch einige unkonventionellen Öffnungen im Baukörper signalisiert die insgesamt der Umgebung angepaßte äußere Erscheinung dennoch eine moderne Haltung.

In der Gestaltung äußerst reduziert und einfach, erhält das Haus trotz der unspektakulären, an seine uniforme dörfliche Umgebung angepaßte Architektur, durch den bewußten Verzicht auf Überflüssiges, einen eigenen, besonderen Charakter.

Nordansicht

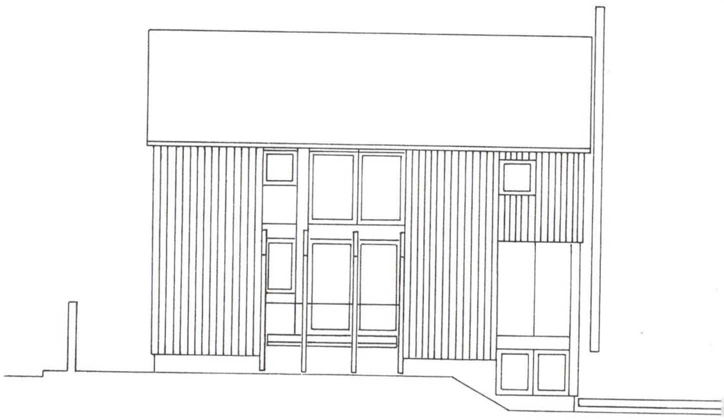

Westansicht

Das kompakte Volumen des rechteckigen Hauses erhält im Außenbereich einige Zusätze, die als Übergangszone dienen. Im eingeschossigen Anbau auf der Ostseite, in dem sich der Eingang befindet, ist außer dem Gäste-WC auch der von außen erschlossenen Geräteraum untergebracht. Gegenüber diesem Vorraum liegt die offene dreiläufige Treppe, die für den gesamten Innenraum bestimmend ist. Sie führt entweder fünf Stufen hinauf in das Wohngeschoß oder hinunter in den Keller. Durch diesen Höhensprung erhalten die Kellerräume gute Lichtverhältnisse, die auch andere Nutzungen als Lagerung ermöglichen. An der Süd- und Westseite, wo das Gelände leicht abfällt, konnte sogar ein großes Eckfenster eingesetzt werden, das sich in dem darüberliegenden Wohnraum wiederholt. Davor befindet sich eine große Terrasse auf Geländeniveau; die zweite, etwas kleinere, auf der Westseite ist dagegen auf Wohnraumebene erhöht und mit einem Stahlgestell für Rankbewuchs ausgestattet. Die klare Raumaufteilung im Inneren entwickelt sich um die zentrale Treppe: Es gibt keine Gänge, die breite Erschließungszone im Obergeschoß wird als Arbeitsraum genutzt, während im Erdgeschoß der gegenüberliegende Wohn- und Eßbereich nicht voneinander getrennt sind.

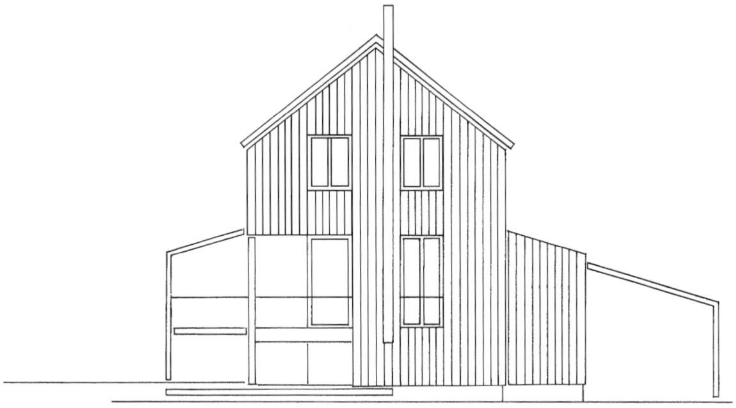

Südansicht

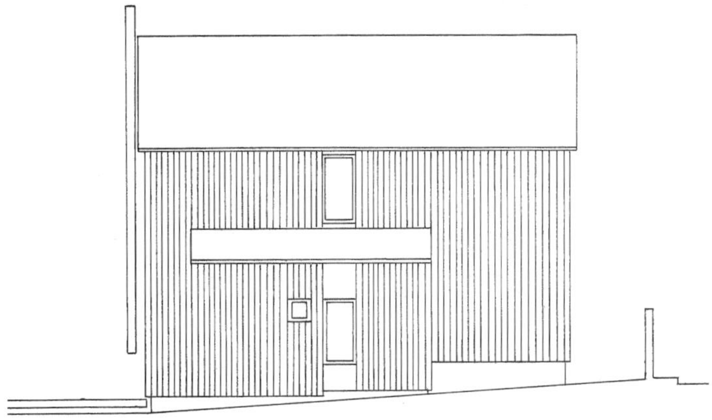

Ostansicht

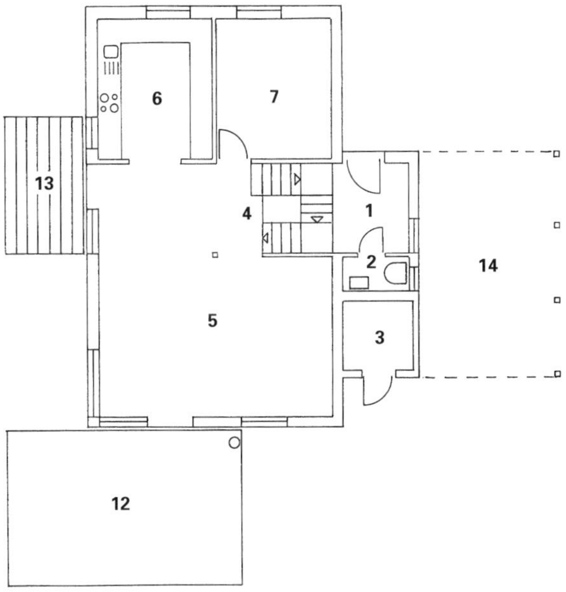

Grundriß Erdgeschoß M. 1 : 200

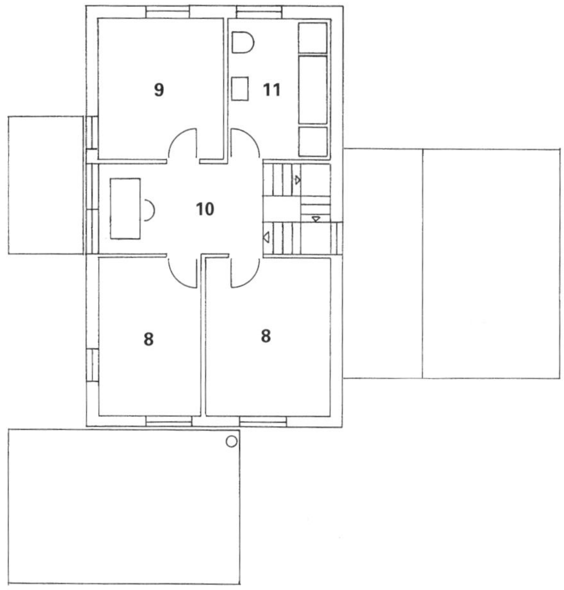

Grundriß Obergeschoß

1. Eingang
2. WC
3. Geräteraum
4. Treppenhaus
5. Essen, Wohnen
6. Küche
7. Gästeraum
8. Kinderzimmer
9. Eltern
10. Vorraum
11. Bad
12. Südterrasse
13. Westterrasse
14. Carport

Als Niedrigenergiehaus ist das Gebäude geplant worden. Der errechnete Jahres-Heizwärmebedarf ist um fast ein Viertel niedriger als der maximal zulässige. Das heißt, das Haus liegt nicht nur mit seinen gegenwärtigen Baukosten sehr günstig, sondern auch über die Jahre der Nutzung. Bei einem energetisch vernünftigen Verhalten (kurzes Durchlüften und angemessene Temperatur) kann man davon ausgehen, daß jährlich fast 400-, DM eingespart werden können. Das eingesetzte Strahlungswandheizsystem wird von einer Gasbrennwerttherme betrieben. Dieses System ist vom medizinischen Gesichtspunkt am gesündesten und für das Wohlbefinden am behaglichsten, da allseitig eine gleichmäßige, niedrige Wandoberflächentemperatur ohne Raumtemperaturunterschiede erreicht wird. Zudem entsteht keine Staubaufwirbelung, da es durch die gleichmäßige Temperatur kaum Luftbewegung gibt. Auf Sockelhöhe vor der eigentlichen Holzständerwand liegt in einem Hohlraum, der im Holzbau ohne Aufwand hinzugefügt werden kann und auch für alle weiteren Installationen genutzt wird, ein gitterverkleidetes Rohr, in dem das aufbereitete Warmwasser läuft. Die aufsteigende Luft verteilt sich gleichmäßig hinter der Wand, die die Wärme abgibt. Die Kosten eines Strahlungswandheizsystems sind gegenüber den üblichen Systemen mit Radiatoren oder Fußbodenheizung etwas höher, trotzdem liegen die Baukosten/m^2 Nutzfläche unter 2 000,- DM.

Der niedrige Preis, 1 948,- DM/m^2 Nutzfläche mit Unterkellerung, resultiert zum einen aus dem kompakten Baukörper, dem Verzicht auf Fensterläden, aufwendige Balkone und besondere Türen oder Verglasungen, zum anderen aus der vorgefertigten Bauweise. Einige unvorhergesehene und nicht miteinberechnete Mehrkosten über 11 000,- DM entstanden durch besondere Wünsche der Bauherren: Dachziegel aus Ton statt aus Beton, eine individuelle Sanitärausstattung und der zusätzliche Außenkamin aus Edelstahl für den Bollerofen.

Isometrie der vorgefertigten Elemente ohne Maßstab

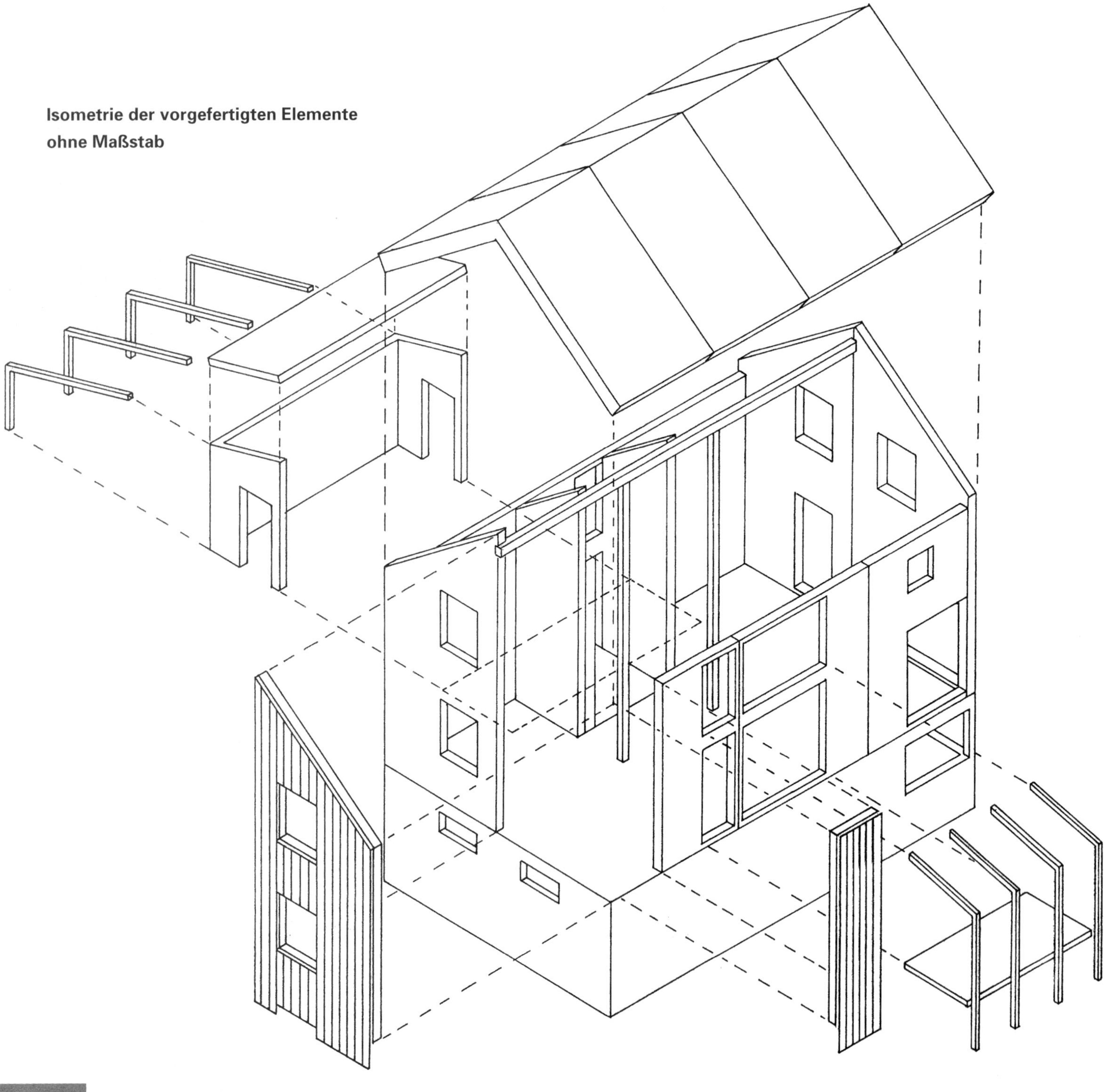

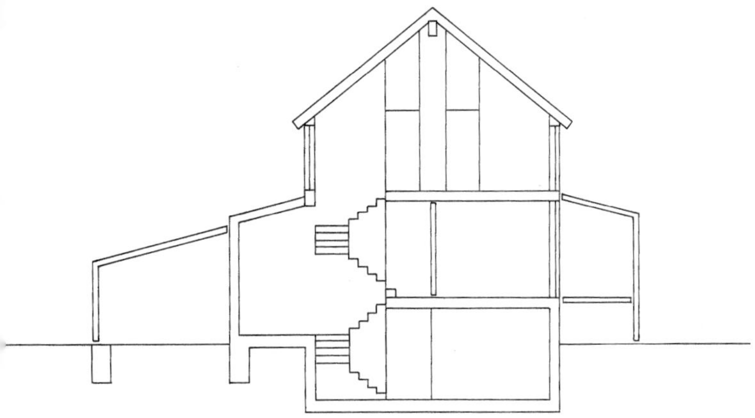

Querschnitt M. 1 : 200

Der Treppenraum ist auch zum erhöhten Kellergeschoß hin offen. Die Treppe selbst ist vom Keller bis zum 1. Obergeschoß durchgängig aus Holz. Dadurch entsteht eine großzügige Verbindung zwischen den drei Geschoßen.

Unter den Augen verwunderter Nachbarn wurde der Rohbau in drei Tagen errichtet.

Vorgefertigte Holzelemente bilden die Konstruktion über dem betonierten Kellergeschoß. Die Holzrahmenfassade samt Außenverschalung ist komplett in der Werkstatt erstellt worden. Bereits in der Entwurfsphase sind die Abmessungen des Hauses auf die maximale Transportfähigkeit eines Sattelschleppers mit Kran ausgelegt worden. Da die Architekten aus gestalterischen Gründen eine durchlaufende vertikale Schalung wünschten, war einen haushohe vertikale Elementierung erforderlich, die allerdings keine Kostenerhöhung verursachte.

Die im Holzbau durch die Anpassungsfähigkeit des Materials problemlos zu bewerkstellende Vorfertigung bringt allgemein mehrere Vorteile mit sich, die sich an diesem Projekt gut veranschaulichen lassen. Hier ist die Baustellenunabhängigkeit der Fertigung zu nennen. Die Fassadenelemente konnten in der Werkstatt angefertigt werden, während auf der Baustelle noch die Kellerwände betoniert wurden. Dadurch und durch die Wetterunabhängigkeit vereinfachte sich auch die Baustellenorganisation, da sich weniger Firmen gleichzeitig auf der Baustelle befanden und der Zeitplan eingehalten werden konnte.

Die Wetterunabhängigkeit spielt auch hinsichtlich der Kosten die wichtigste Rolle. Der Zeitraum, in dem im Freien gearbeitet wurde, um die Außenwände aufzubauen, verkürzte sich auf ganze drei Tage. Dadurch entfielen die gefürchteten teuren Schlechtwettertage. Die Teile können außerdem während der kalten Jahreszeit vorbereitet oder aber kurz davor schnell montiert werden, um den Innenausbau während der Wintermonate zu ermöglichen. Hinzu kommt eine erhebliche Verminderung des Unfallrisikos auf der Baustelle, da sich die gefährlichen Arbeitsstunden auf dem Baugerüst reduzieren lassen.

In drei Tagen wurden die fertigen Fassadenelemente von sechs Arbeitern mit Hilfe des Lastwagenkrans aufgestellt. Das gesamte Haus war nach 17 Wochen bezugsfertig. Die Längsfassaden bestehen aus drei Teilen, und die über 8 m hohen Giebelseiten sind mittig am First getrennt. Da die gehobelte Lärchenverschalung in der Werkstatt angebracht wurde, konnte dies in horizontaler Lage geschehen. Diese Arbeitsweise ist ungefährlicher und bequemer, als wenn sie in vertikaler Lage auf dem Baugerüst angebracht werden muß und ermöglicht zudem eine höhere Präzision in der Detailverarbeitung.

Neben den energetischen, konstruktiven und preislichen Faktoren spielten bei der Materialauswahl auch gesundheitliche Überlegungen eine große Rolle. Die wasserdichten Betonwände des Untergeschosses sind ohne Bitumenanstrich belassen, weil dieser nach neuesten Erkenntnissen als Krebserreger unter Verdacht steht. Anstelle von normalen Spanplatten sind Grobspanplatten (OSB) für die Innenverschalung verwendet worden, da der formaldehydhaltige Leimanteil bei groben Spänen geringer ist. Auch bei der Auswahl des Dämmstoffes der Außenwände setzten die Architekten auf Sicherheit und wählten eine Zellulosedämmung.

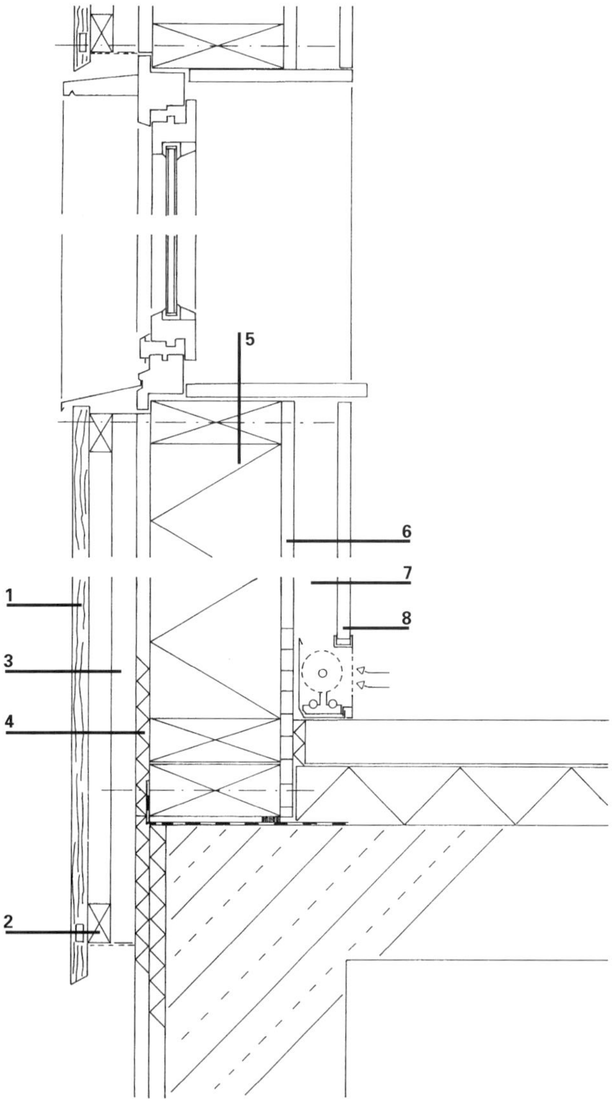

Vertikalschnitt M. 1 : 10

Die Fassadenelemente sind mit der bereits montierten Lärchenholz-Außenverkleidung angeliefert worden. Auf den mit den OSB-Platten verkleideten Innenseiten der Giebelelemente sind die eingeschnittenen Löcher für die Dachpfetten und Deckenbalkenplazierung zu erkennen.

1. Boden-Deckel, Schalung Lärche
2. Lattung
3. Konterlattung
4. paraffinierte Holzweichfaserplatte
5. Holzrahmenkonstruktion 180 mm mit Zellulosedämmung
6. OSB-Platte
7. Installationsschicht Heizwand 60 mm
8. Gipskartonplatte

Österreich
Terrassen und mehr

Objekt:	Wochenendhaus für Prof. Reischl
Standort:	Lavantegg
	Steiermark/Kärnten
Architekt:	Volker Giencke, Graz
Bauzeit:	drei Monate
Nutzfläche:	ca. 140 m^2
Baukosten:	2 000,- DM/m^2 Nutzfläche
	zzgl. 20 % MwSt.
kostengünstig:	regelmäßiges Ständerwerk
	einfaches Volumen, keine Unterkellerung

»... es ist ein langgehegter Wunsch von mir, Einfamilienhäuser ausschließlich in Holz zu bauen. Dieses Material fasziniert mich wegen seiner Verletzbarkeit, der Veränderung seiner Oberfläche und der Struktur in Abhängigkeit von der Zeit, wegen seines biologischen Ursprungs und der Wärme, die es ausstrahlt.«
Volker Giencke

An der Grenze zwischen der Steiermark und Kärnten in Lavantegg konnte Volker Giencke, Grazer Architekt und Universitätsprofessor in Innsbruck, den langgehegten Wunsch, ein einfaches Einfamilienhaus ausschließlich aus Holz zu bauen, verwirklichen. Das Wochenendhaus für Prof. Reischl und seine große Familie liegt auf 1 650 Höhenmeter über einer Almwiese. Aufgrund des einfachen rechteckigen Volumens, des Verzichts auf eine Unterkellerung und nicht zuletzt dank der Holzsystembauweise überschreiten die Baukosten trotz vieler Terrassen und sorgfältiger Detailbearbeitung nicht die 2 000,–DM–Grenze.

In Größe und Lage differenzierte Terrassen laufen um die drei Sonnenseiten des Hauses und rahmen das herrliche Panorama ein. Durch die geschickte Fensteranordnung erweitern sie den Innenraum und verleihen dem relativ kleinen Haus eine überraschende Großzügigheit.

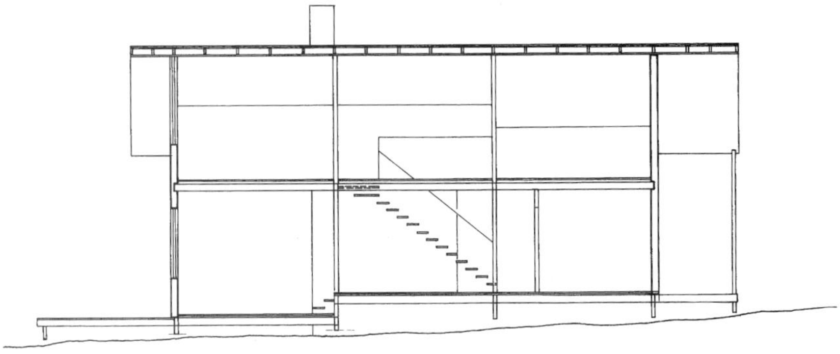

Längsschnitt M. 1 : 200

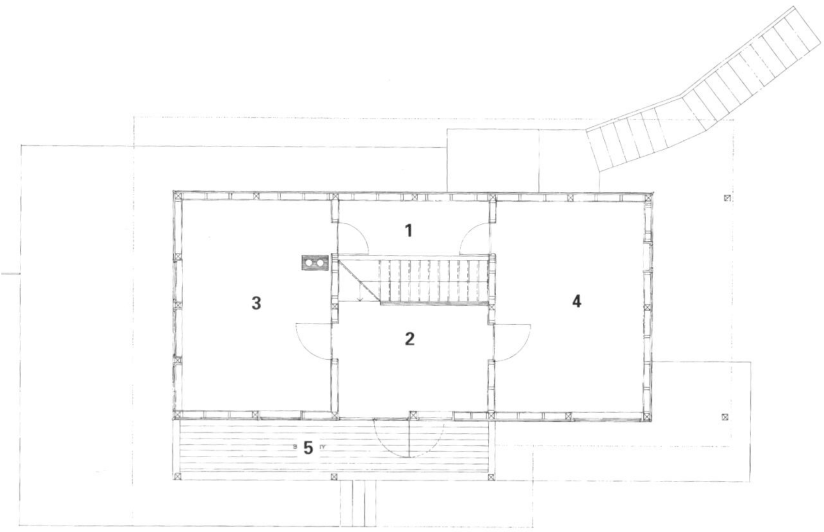

Grundriß Obergeschoß
1. Galerie über Treppe
2. Vorraum
3. Eltern
4. Kinder
5. überdachter Balkon

Grundriß Erdgeschoß
M. 1 : 200
1. Windfang
2. Diele
3. WC
4. Kammer
5. Bad
6. Essen
7. Kochen
8. Wohnen
9. Terrasse

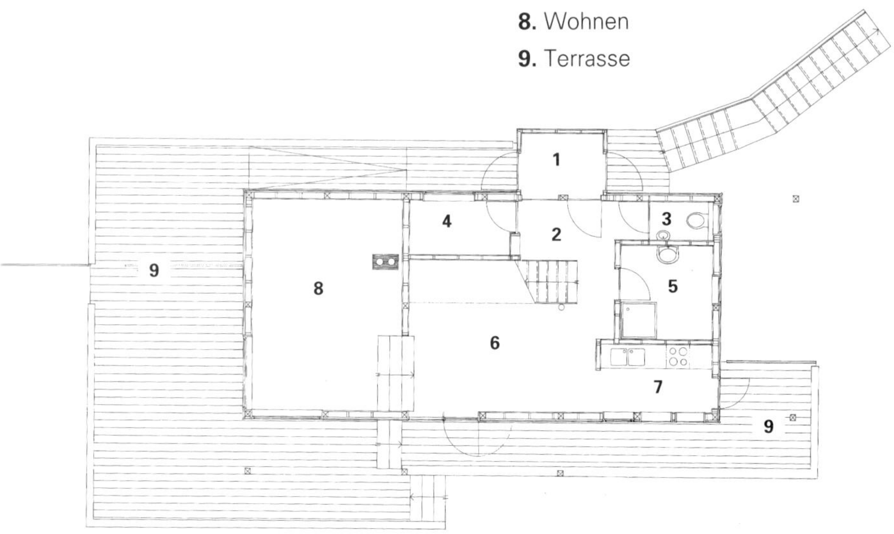

Das Grundstück fällt in Südwestrichtung ab. Das große Pultdach, das den einfachen rechteckigen Baukörper bedeckt, richtet sich gegen die Hangneigung und öffnet somit die Südostfassade zur Sonne und dem Panoramablick. Der weite Dachüberstand schützt die Fassaden gegen den Schnee. Auf der östlichen Hausseite wurde die Auskragung verlängert und ist von freistehenden Stützen getragen. Dadurch entstand ein gedeckter Platz für Brennholz, und die davorliegende Küchenterrasse erhielt einen zusätzlichen Schutz. Auf der nördlichen Bergseite überkragt das Dach weit genug, um den getrennten Anbau des Windfanges zu überdecken.
Von der Straße kommend, erreicht man an dieser Stelle den Eingang über eine brückenähnliche Stahlbetontreppe und blickt durch das 6 m tiefe Haus auf die Terrasse. Um die Diele kreisen gestaffelt die abgetrennten Nutzräume: eine geräumige Abstellkammer, das WC und das Bad. Gegenüber liegt die offene, zentral gelegene Treppe. Folgt man dieser einläufigen »Stiege« ins Obergeschoß, erreicht man eine überraschend große Halle. Sie nimmt den zentralen Raum der gedrittelten Grundfläche ein; ihre schmale nördliche Galerie ist von den Schlafräumen zugänglich und wird sowohl als offener Schrankraum als auch als Spielflur genutzt. Der größere Vorbereich, in dem sich auch der einzige Zugang zu dem überdachten Balkon befindet, steht verschiedenen Nutzungen zu Verfügung.
Der schräg abfallenden Hanglage folgend, liegen der Wohnbereich im Erdgeschoß und dessen Terrassenanteil um drei Stufen tiefer als die restlichen zwei Drittel des Geschosses. Hier, an der niedrigsten Stelle, befindet sich auch der Holzofen, die einzige Heizquelle des Gebäudes. Durch den »Kamineffekt« verteilt sich die Wärme innerhalb weniger Stunden im ganzen Haus. Der gemeinsame Eßraum hat damit für die Familie die wichtigste soziale Funktion inne, zentral zwischen Treppe und Balkon, Kochen und Wohnen angeordnet.

Das Haus verzichtet bewußt auf eine Unterkellerung und steht frei über dem Erdreich. Mit den geschlossenen Brüstungen sucht es dagegen die Nähe zum Boden und den Bezug zur Umgebung.

Axonometrie der Konstruktionselemente, ohne Maßstab

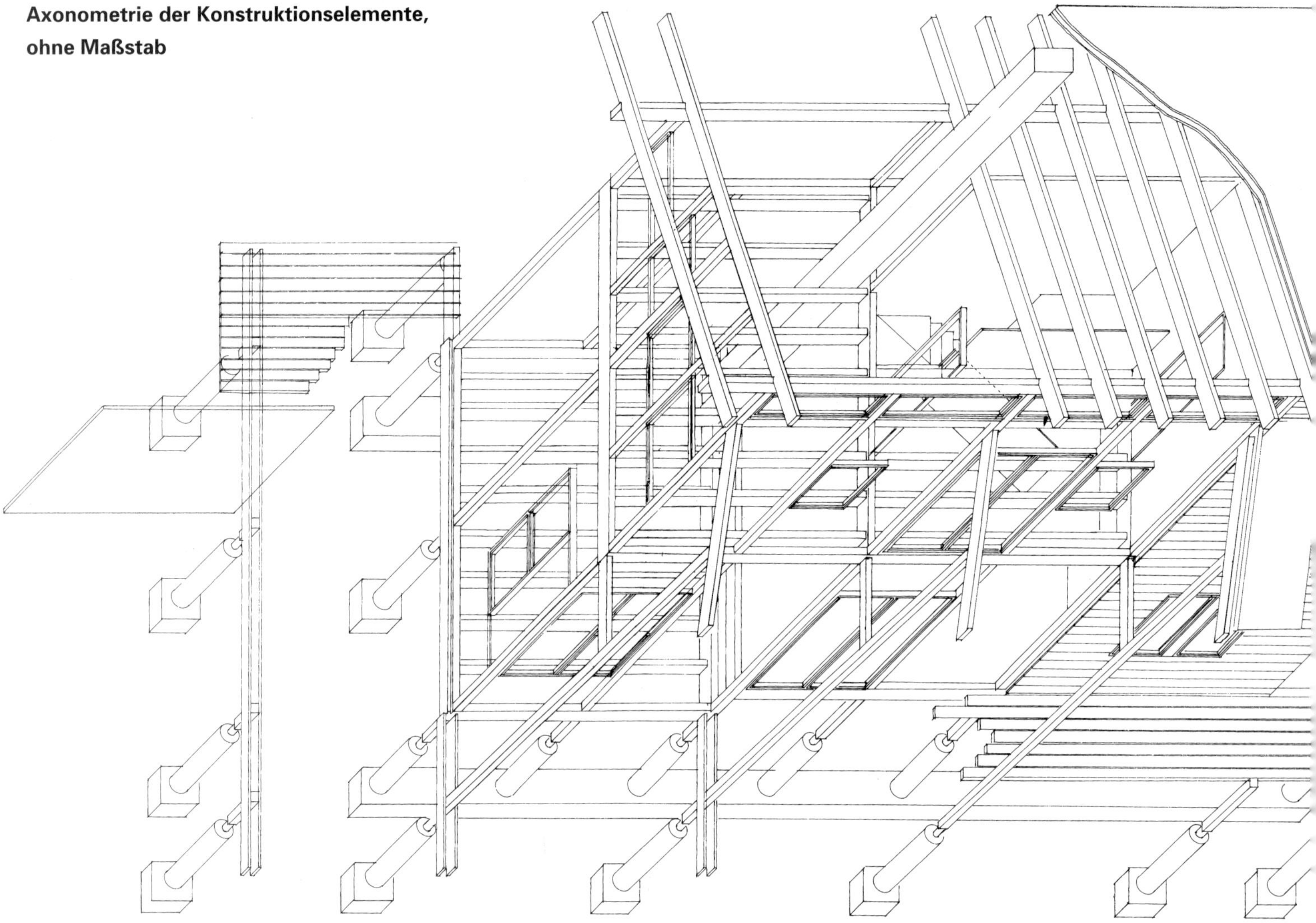

Ein echtes Holzhaus sollte laut Volker Giencke keine Unterkellerung haben. Für ein Wochenendhaus ist diese auch nicht notwendig, zumal es in diesem Fall konkret darum ging, die Kosten in Grenzen zu halten. So steht das Haus auf hölzernen Beinen und Betonfundamenten, die parallel zum Hang aus statischen Gründen als Streifenfundamente ausgebildet wurden. Die Grundrißgliederung entspricht den Konstruktionsachsen und ist in sechs Hauptfelder aufgeteilt. Das 12 X 6 m große Rechteck ist in seiner Längsrichtung dreimal und zweimal in der Querrichtung geteilt; die zu überspannende Weite mißt dadurch maximal 3 m und kann mit kostengünstigen Nadelholzbalken problemlos überbrückt werden. Die zahlreichen Terrassen kragen nicht frei aus, sondern werden auf ihrer Außenseite von Einzelfundamenten unterstützt. Sie vermindern so die Kragweite der Terrassen und nehmen zusätzlich die Last des überstehenden Daches an der östlichen Ecke und die des Balkons auf der Südseite auf. Mit der Hauptbalkenlage sind sie durch Zangenbalken verbunden. Das regelmäßige Ständerwerk aus Fichtenholz der Außenwände ist mit Lärchenholzbrettern verkleidet. Der Architekt setzte rechtwinkliges gesäumtes Standard-Schnittholz ein. Dadurch haben die Außenwände nichts Traditionelles an sich, sie sind so glatt wie möglich konstruiert, ohne Gesimse oder Überstände. Auch im Detail ist auf Zimmermannsverbindungen verzichtet worden, statt dessen sind Stahlverbindungen und -verstärkungen eingesetzt worden. Konsequent sitzt das Fensterglas bündig - im Gegensatz zu den traditionellen »Löchern«. Die Verbindung zwischen Glas und Holz ist mit Silikon hergestellt. Im Bad und dem WC, den intimsten Räumen, sind die Fenster hinter die Fassade gestellt, und als Sichtschutz läuft jedes zweite Schalungsbrett durch. Die traditionelle Holzarchitektur wird mit zeitgemäßen und kostengünstigen Techniken in eine moderne Formensprache umgesetzt, ohne auf tradierte Elemente, wie beispielsweise das große, überstehende Dach, zu verzichten.

Der Balkon auf der Südseite ist von einem zweiten, schmaleren Pultdach und einer hohen, geschlossenen Brüstung gegen Wind und Schnee geschützt. Dadurch wird er nahezu Teil des Innenraumes, und die dahinterliegenden Räume erhalten eine besondere - sowohl intime als auch großzügige - Atmosphäre.

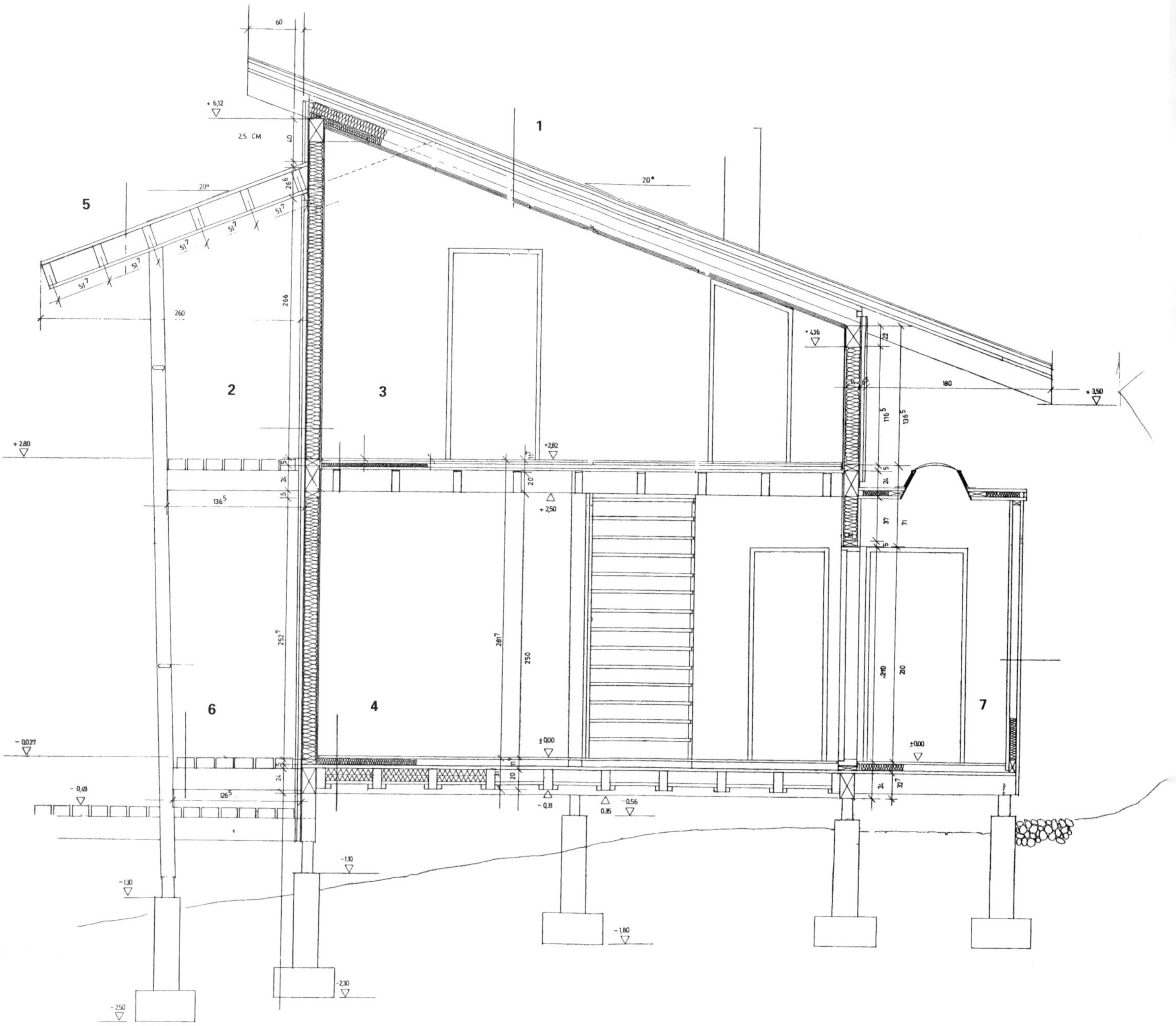

Querschnitt M. 1 : 50

1. Dachaufbau (von außen):
- Eternit Rhombusstein
- Dachlattung 3 x 5 cm
- Konterlattung 5 x 8 cm
- Eternit Unterdach 0,5 cm
- Lattung 10 x 24 cm gehobelte Sichtschalung im Bereich des Dachvorsprunges
- Durchlüftung 4 cm
- Steinwolle 12 cm
- Rollisoll 6 cm
- Zwischensparren 14 x 22
- Konterlattung 4 x 2 cm
- Gipskarton 1,5 cm
- Holzschalung 12 cm

2. Wandaufbau:
- Horizontalschalung 2,5 cm
- Konterlattung
- bit. Holzfaserplatte 1 cm gedämmt
- Gipskartonplatte 1,5 cm auf Sisalkraftpapier
- Holzschalung 1,2 cm

3. Bodenaufbau OG:
- Fichtenboden 2 cm
- Spanplatte 2 cm
- TDPL 45/40 (auf Baupapier)
- Schaltafel 2,7 cm
- Dämmfilzstreifen 1 cm
- Deckenbalken 8 x 20 cm

4. Bodenaufbau EG:
- Fichtenboden 2 cm
- Polsterholz 6 x 6 cm auf 1 cm Dämmfilz
- Steinwolle 6 cm
- Spanplatte 2 cm
- Balken 8 x 20 cm
- Herathan 2 x 6 cm
- Blindschalung 2-3 cm

5. Aufbau Balkondach:
- Eternit
- Schaltafel
- Sparren 14 x 20
- Längsbalken 8 x 20
- Schaltafel 2,5 cm

6. Aufbau Terrassen:
- Pfostenbelag 10/16
- Querbalken 14 x 22 für die schmale Küchenterrasse
- Zangenhölzer 8 x 22 für große Südwestterrasse
- Holzstützen 14 x 14 (schräg) zwischen Balkon und Terrasse

7. Aufbau Windfangwände:
- Sperrholzplatte 1,5 cm
- Holzpfosten 4 x 8 cm mit Dämmung
- Sperrholzplatte 1,5 cm

Trotz einer sehr sorgfältigen Detailverarbeitung liegen die Baukosten nur bei 2 000,- DM, und die Realisierungszeiten überschreiten drei Monate nicht. Ursache dafür ist die Einfachheit der Konstruktion, die herkömmliches Material verwendet und auf komplizierte Zimmermannsanschlüsse verzichtet.

MIT EIGENLEISTUNG

Es ist kein Zufall, daß die großen Einkaufszentren für Hobby und Heimwerker, die in Europa nach amerikanischem Vorbild entstanden sind, ihr Entstehen dem Holzbau verdanken, denn dieses Material ist ebenso kostengünstig wie einfach zu verarbeiten. Mit wenigen preiswerten Werkzeugen und etwas Geschick bewältigen versierte Heimwerker im Innenausbau zunehmend vieles selbst. Die neuen Holzbautechniken ermöglichen nunmehr auch beim Hausbau wachsende Eigenleistungsanteile der Bauherren und damit eine weitere Kostensenkung.

Österreich
Der »GucklHupf«

Der Name »GucklHupf« hat seinen Ursprung im nahegelegenen Guglhupfberg in Oberösterreich. In diesem Fall ist nicht der bekannte Kuchen, sondern ein Haus, auch Objekt architektonischer Skulptur, gemeint. Der lockere Rührteig und die runde Form des im deutschsprachigen Raum verbreiteten Gebäcks haben mit dem sperrhölzigen Kubus in Innerschwand am Mondsee reichlich wenig zu tun. Dieser vertritt eine spartanisch abstrakte Haltung, die der sanften Gemütlichkeit des duftenden Backrohrerzeugnisses schlechthin entgegensteht.

Objekt:	multifunktionale Skulptur
Standort:	Innerschwand, Mondsee
Architekt:	Hans Peter Wörndl, Wien
Bauzeit:	drei Monate
Nutzfläche:	36 m^2 + 12 m^2 Terrasse
Baukosten:	1 300,- DM/m^2 Nutzfläche zzgl. 20% MwSt.
kostengünstig:	vorgefertigte Elemente, Eigenleistung, reduzierter Ausbaustandard

Einmalig ist die Lage innerhalb des Naturschutzstreifens am Seeufer. Der Blick schweift nach Norden über den See bis hin zu den oberösterreichischen Voralpen, während sich auf der Südseite die zauberhafte Bergkulisse entfaltet.

Im Lageplan (M. 1 : 500) ist auch ein Vorentwurf zu erkennen, aus dem die Überlegung des Architekten sichtbar wird, das Objekt näher an den See zu stellen und über Stege mit diesem und der weiteren Umgebung zu verbinden.

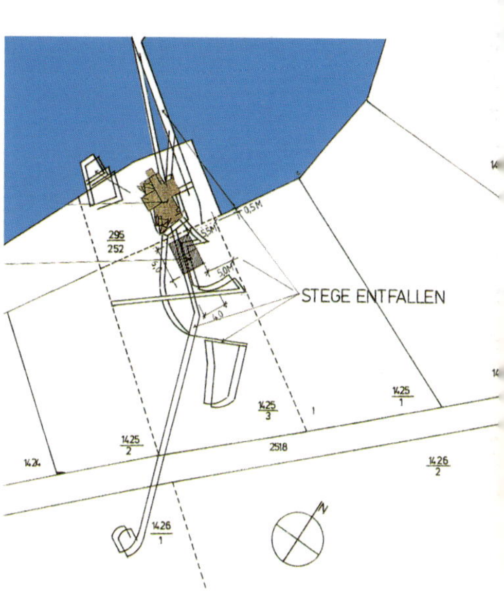

Das gesamte Konzept bis hin zu den ideenreichen Details lohnt den Blick auf das kleine Bauwerk. Seine 36 m^2, auf verschieden versetzte Ebenen verteilt, sind zweckfrei bzw. multifunktional konzipiert. Das Objekt kann Baumhaus, Bootshaus, Jägerstand, Gartenhaus, Konzertbühne, Spielkulisse, Meditationsraum, Badehaus, Lagerraum und vieles mehr sein. Es funktioniert nach dem Prinzip einer Zauberschachtel oder eines Steckspiels, das je nach der aufgeklappten Öffnung einen überraschend veränderten Blick von innen nach außen bzw. umgekehrt bietet. Den Gedanken der modernen Architektur nach Auflösung des Massivbaus weiterentwickelnd, wird das Haus zum wandelbaren Objekt, das auf die Unterscheidung von Wänden und Fenstern verzichtet. Hier kann die Wand auch Öffnung sein.

Hundert Gesichter zaubert die Variabilität des Objektes. Der zu Beginn der Wandlung hermetisch geschlossene Kubus läßt sich Stück für Stück öffnen, indem Teile seiner Oberfläche gekippt, geschoben und gedreht werden. Eine heruntergeklappte Wand ergibt einen breite terrassenähnliche Rampe; drehbare Eckelemente werden zu Balkonen; ein hochgeklappter Wandteil funktioniert als Sonnen- und Regenschutz; seitlich verschiebbare Paneele verwandeln einen geschlossenen Raum in eine offene Loggia. Das differenzierte und komplexe Öffnungssystem ist verbal kaum beschreibbar: Wo sich Wände befanden bietet sich plötzlich der Blick in die offene Landschaft. Die Auseinandersetzung zwischen innen und außen ist eindeutiges Leitmotiv des Gebäudes.

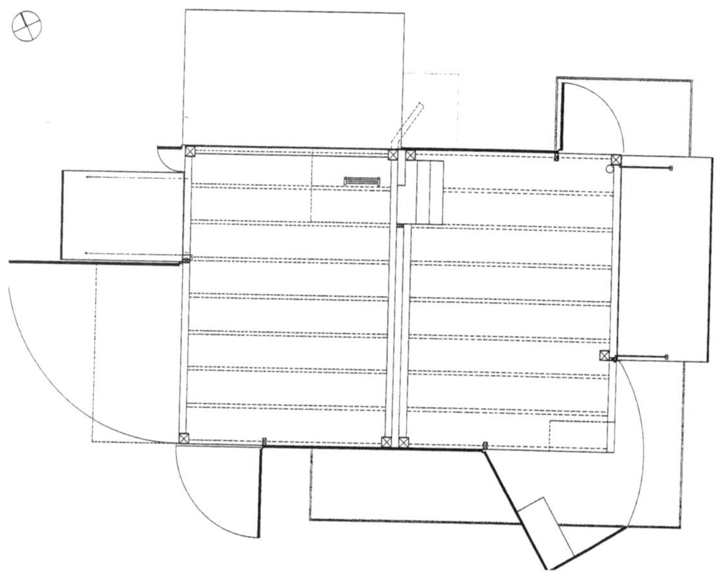

Grundriß 1.-2. Ebene

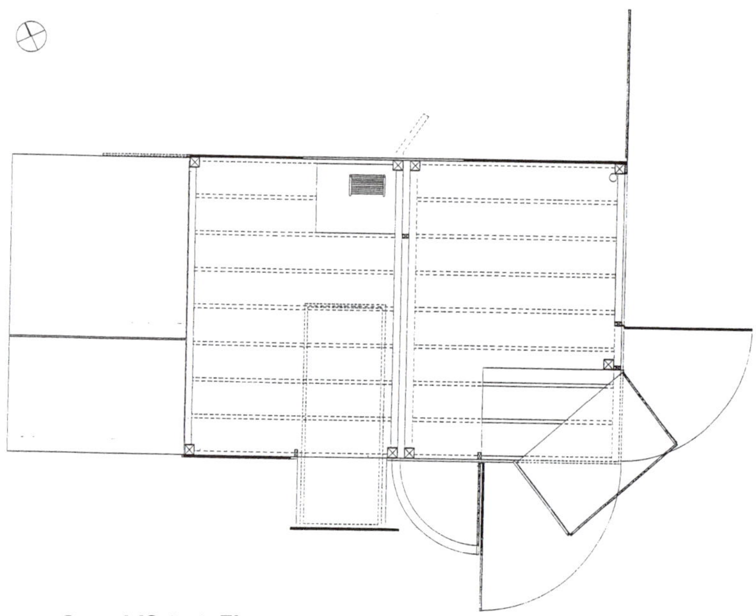

Grundriß 3.-4. Ebene

Durch Kippen, Klappen, Schieben und Drehen verwandelt sich der sperrig geschlossene Kubus in ein naturverbundenes Gebilde voller räumlicher Überraschungen. »Wand« und »Fenster« gleichsetzend, erklärt es den Bezug zur Landschaft zum bestimmenden Grundthema.

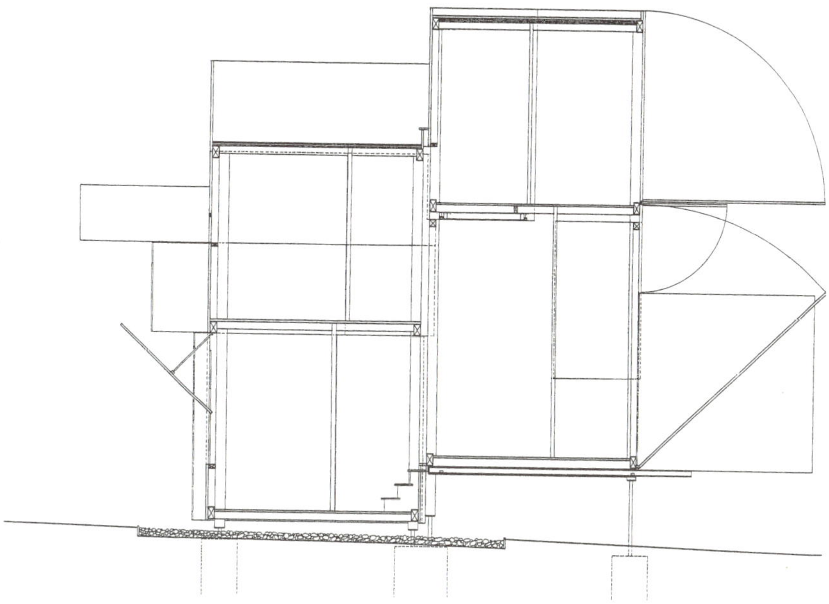

Längsschnitt M. 1 : 100

Der Bau besteht aus zwei getrennten Boxen, die mit einem Abstand von 10 cm aneinandergestellt sind. Beide 3 x 4 m groß, differgieren sie in ihrer Höhe um einen Meter. Im niedrigeren Bauteil (s. Querschnitte) befindet sich eine kleine Dachterrasse. Der dazwischenliegende 10 cm schmale Schlitz ist mit Glas ausgelegt worden. Eine weitere Glasscheibe befindet sich unter dem Fußboden des ausdrehbaren Balkons, um das beim Ausfahren entstehende Loch im Boden zu schließen. Insgesamt ist der Bau so konstruiert worden, daß die Anbringung einer zweiten, innenliegenden, verglasten Ebene hinter den beweglichen Holzteilen möglich ist. Daß der Bauherr sich gegen diese und überhaupt auf einen vollständigen Ausbau entschied, hing mit der überaus komplizierten Entstehungsgeschichte des Objekts und seiner unsicheren Lebensdauer zusammen.

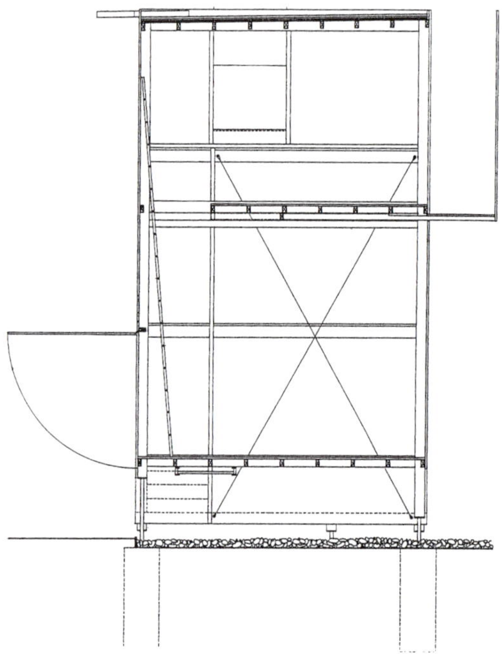

Querschnitt M. 1 : 100

Die Perspektiven wurden mit dem Computer gezeichnet. Sie veranschaulichen das komplexe Öffnungssystem und den differenzierten Innenraum.

Kunst und Naturschutz bzw. Kunst und Politik, sind nicht immer in harmonischen Einklang zu bringen. Als das kleine Gebäude 1993 auf privatem Grund im Naturschutzstreifen entlang dem Seeufer errichtet war, sorgte es für erhebliche Aufregung. Realisiert wurde es anläßlich des »Festivals der Regionen« als begehbare Skulptur, als ein auf Zeit genehmigtes Kunstwerk. Für den aus der Gegend stammenden Architekten handelt es sich um ein »im klassischen Verständnis zweckfreies, aber funktionstüchtiges Objekt«, das den Bezug zu Ort und Landschaft thematisieren sollte. Daß dies gelungen ist, steht außer Frage, denn die Diskussionen um den Bau und dessen Verhältnis zur Natur gingen weit über die Ortsgrenzen hinaus. Die überraschte Gemeinde war sich dabei allerdings in ihrer ablehnenden Haltung einig: »Das Objekt verschandelt regelrecht die Landschaft«, so hieß es lakonisch. Die intensiven Bemühungen des Architekten - zwei Gerichtsverfahren wurden von ihm angestrengt - um die Einstufung als reguläres Bauwerk mit Dauerberechtigung blieben erfolglos: Der »unverdaute GucklHupf« mußte 1995 abgebaut werden! Er befindet sich heute, in seine Einzelteile zerlegt, in einem Lagerhaus. Obwohl viele Besucher des Mondsees nach dem strittigen Objekt fragen, sind die Chancen eines »Wiederaufbaus« gering. Hans Peter Wörndl nimmt es philosophisch-gelassen: »Die Pläne haben wir. Sollte es sich jemals ergeben, können wir unseren Kuchen neu backen.«

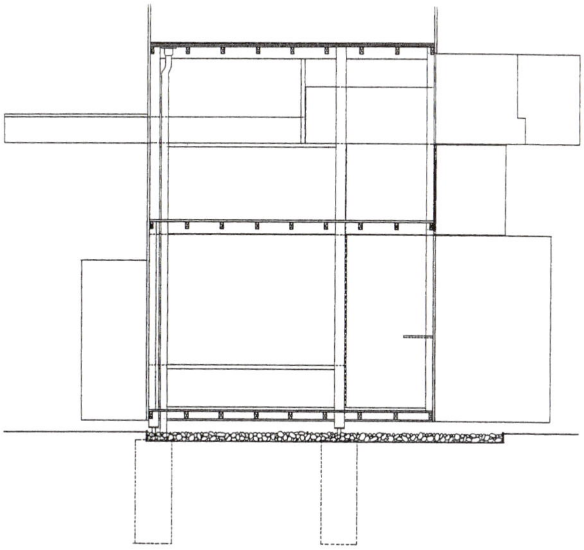

Querschnitt M. 1 : 100

Warum aus Holz? Die Materialauswahl greift den historischen Bezug zu den Pfahlbauten entlang dem Ufer und zum Bootsbau direkt auf. Auch die funktionellen Aspekte beeinflußten die Auswahl Holz. Der Baustoff sollte leicht und flexibel sein, um die Wände des Kubus auf unterschiedlichste Weise bewegen zu können. Die ausgewählte Holzskelettbauweise ist zudem kostengünstig und die Montage leicht überwachbar.

Der Holzständerbau stützt sich auf sechs Einzelfundamente aus Beton. Die darauf stehenden Hauptstützen werden in der Längsrichtung durch Stahlträger ausgesteift. Die Decke des Erdgeschosses sowie die Zwischendecken und das Dach bestehen aus Sperrholz auf Holzbalken. Das mit 3 % geneigte Flachdach hat zudem eine Kiesschicht auf selbstklebenden Bitumenbahnen. Die überwiegend öffnungsfähigen Wände bestehen aus vorgefertigten Sperrholzsandwichplatten mit innenliegender Wärmedämmung. Die Queraussteifung übernehmen in diesem Fall diagonal angebrachte Stahlseile.

Hauptsächlich durch die einfache Holzkonstrukion und deren Verkleidung mit Sperrholzplatten ist die Kostenreduzierung begründet. Mit 1 300,-DM/m^2 ist der Bau mit einer der kostengünstigsten unter den hier vorgestellten.

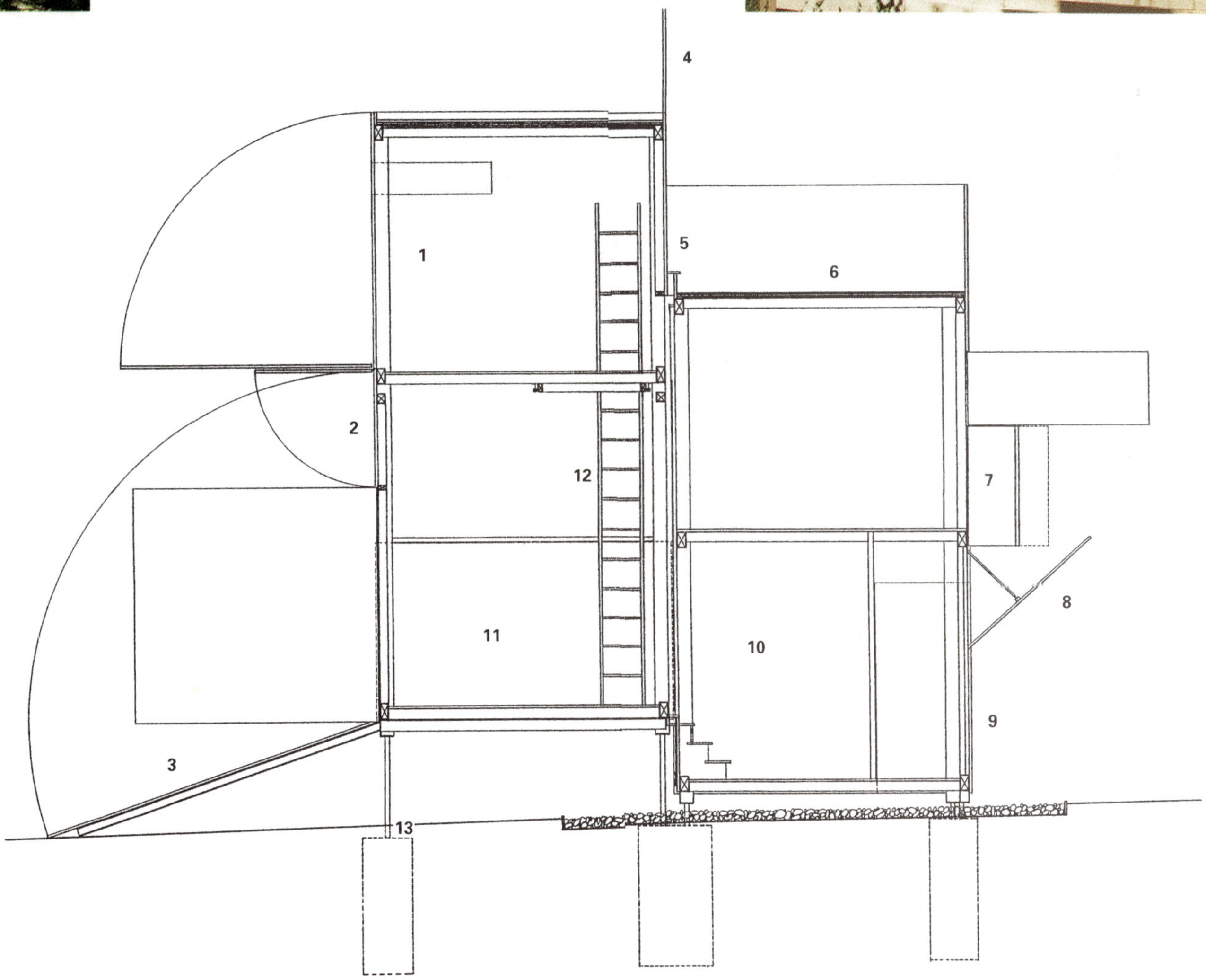

Längsschnitt M. 1 : 75

1. Loggia
2. Oberlicht
3. Rampe zum See
4. Schiebeöffnung zur Dachterrasse
5. Glasstreifen 10 cm zwischen beiden Boxen
6. Dachterrasse
7. ausfahrbarer Balkon
8. Sonnen- und Regenschutz
9. Zugang über Rampe
10. Box 1 zur Bergkulisse
11. Box 2 zum Seeufer
12. Leiter zum Zwischendeck
13. Fundamente + Aufständerung

Kostenreduziert ist nicht nur die Bauweise. Da das Objekt als begehbare Skulptur konzipiert wurde, verzichteten Bauherr und Architekt auf einige Annehmlichkeiten. Durch das raffinierte Klappsystem konnten Fenster und Verglasungen entfallen, was bedeutet, daß im geschlossenen Zustand der Blick nach draußen versperrt war. Auch Balkone und Terrassen mußten nicht gesondert angebracht werden, weil sie sich durch das Versetzen der Wände ergaben. Da die Nutzung des Bauwerkes nur für die Sommermonate vorgesehen war, gibt es keine Heizung und auch kein warmes Wasser. Zum reduzierten Ausbauaufwand gehört auch die einfache Leiter, die zum Zwischendeck führt.

Die zurückgenommene Ausstattung entspricht auch der Auffasssung des Baus als Kunstobjekt. Der architektonische und konstruktive Ansatz hinterfragt und verschiebt die üblichen Maßstäbe des »normalen« Hausbaus.

Das Gebäude steht auf einer sanften Hanglage. Während der südliche Abschnitt des Hauses nur minimal aufgeständert ist, ragt der nördliche, dem See zugewandte Teil ca. einen Meter über den Erdboden hervor. Alle Wände bestehen aus gedämmten und mit klarem Bootslack lackierten Sperrholzsandwichplatten. Für den Fußboden wurde die Holzbalkenlage der Decken ebenfalls mit aufgeschraubten Sperrholzplatten beplankt.

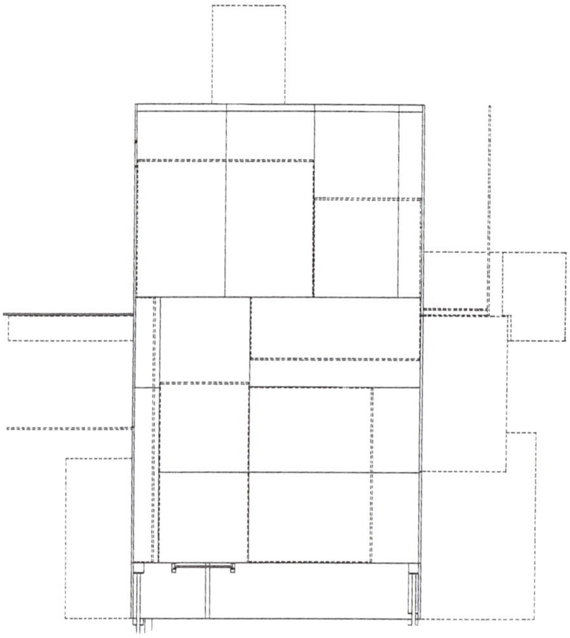

Ansicht Nordwesten
M. 1 : 100

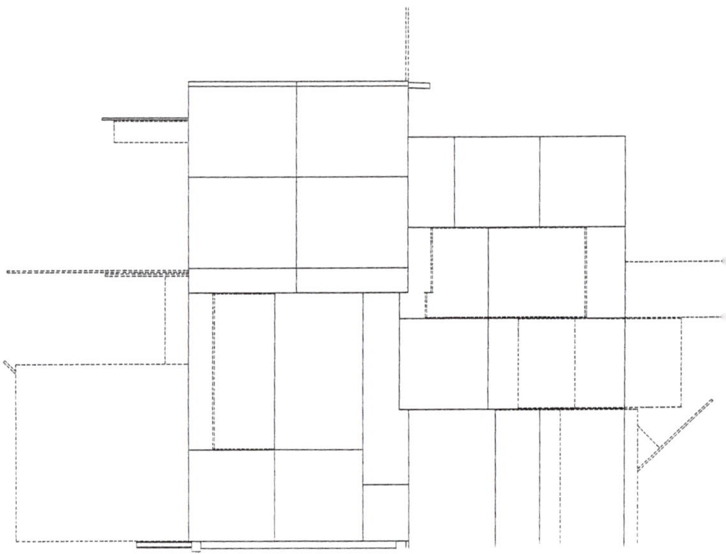

Ansicht Südwesten

Im Nordwesten liegt der See direkt vor der »Tür«. Ein zum Boden gekipptes Wandelement ist als Zugangsrampe nutzbar, weitere durch Stahlseile bewegliche Teile bilden im geöffneten Zustand die Fenster und Oberlichter und dienen gleichzeitig als Sonnen- oder Regenschutz.

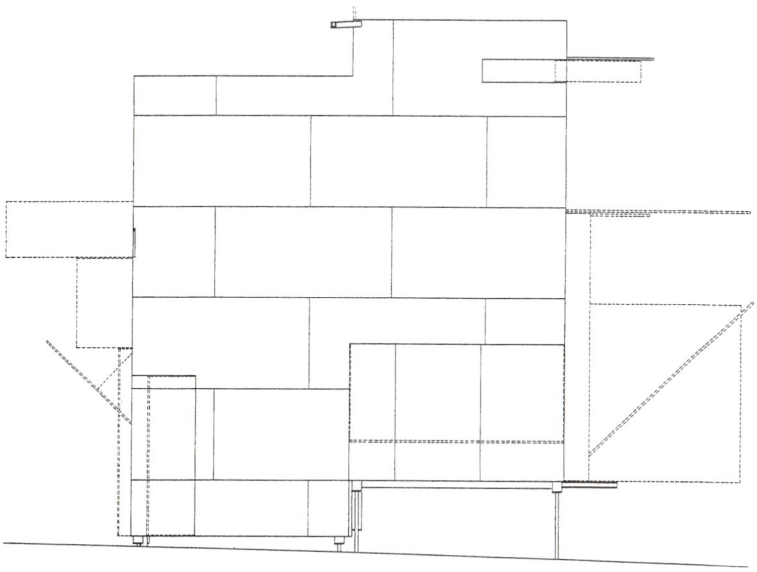

Ansicht Nordosten M. 1 : 100

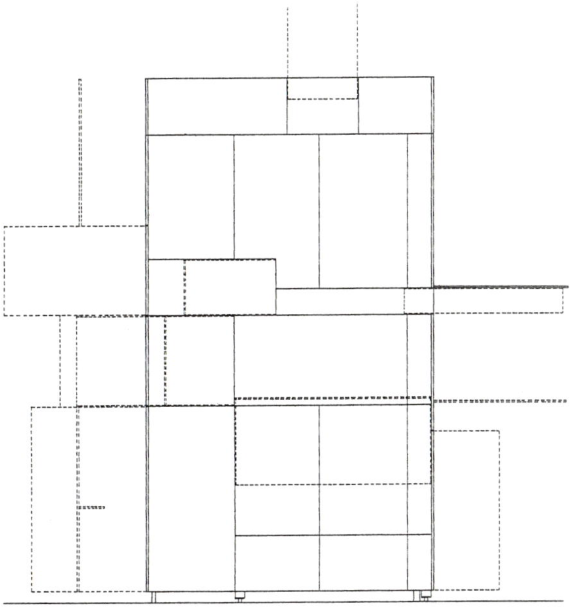

Ansicht Südosten

Ein in die Betoneinzelfundamente eingegossenes Stahlrohr mit angeschweißter Platte dient als Auflager der Holzstützen.

Die zum See hin orientierte Wand wurde einfach nach unten geklappt und verwandelt sich dadurch in eine Rampe, die direkt zum Seeufer führt (Foto links).

Der nach oben ausfahrbare Schiebeladen (links) befindet sich am höchsten Punkt des in zwei Abschnitten gestaffelten Gebildes. Die kleine Öffnung ermöglicht den Zutritt auf eine Dachterrasse, die rundum hinter einer geschlossenen Brüstung versteckt ist.

Hinter der Leiter erkennt man die zur Dachterrasse führende Öffnung.

Die zum See hin orientierte Wand läßt sich komplett öffnen. Das Herunterklappen der Sperrholztafel erfolgt über abgespannte Stahlseile und eine einfache Handkurbel. Der geschlossene Raum verwandelt sich in eine Loggia mit Panoramablick.

Deutschland
Allein unter Wilden

Objekt:	Einfamilienwohnhaus
Standort:	Burgrieden, Ulm
Entwurf:	Erich Appenzeller, Burgrieden Walter Maier, Öpfingen
Bauzeit:	ca. vier Monate
Wohnfläche:	ca. 110 m^2
Baukosten:	ca. 1 650,- DM/m^2 Nutzfläche zzgl. 15 % MwSt.
kostengünstig:	einfaches statisches System mit geringen Spannweiten, hoher Anteil an Eigenleistung, günstige Angebote

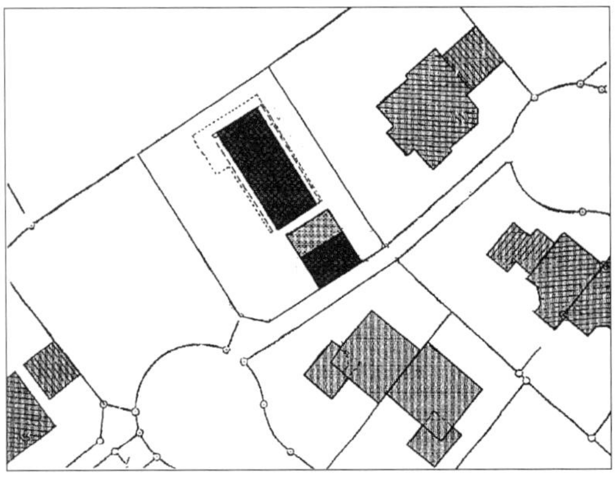

Lageplan M. 1 : 1000

Die kostengünstige Bauweise zeigt sich bereits in der Grundgestalt des Hauses: einem einfachen, kubischen Baukörper, der im Gegensatz zu den umgebenden Häusern mit einem geringeren Außenflächenanteil auskommt und keine aufwendige Baukonstruktion erfordert.

Bäuerliche Anwesen, die in ihren Grundzügen noch erhalten sind, werden optisch vom unvoreingenommenen Betrachter meist als stimmig und angenehm empfunden. Dies erklärt sich, vereinfacht gesagt dadurch, daß es sich bei diesen Bauformen meist um schlichte Gebäudetypen handelt, die den Archetyp des Hauses widerspiegeln. Entstanden sind diese Häuser aus einer Tradition des Bauens, die von Zimmerern von Generation zu Generation weitergegeben worden sind. So entwickelte sich im Laufe der Zeit ein Baustil, der sich aus den technischen und regionalen Möglichkeiten, die den Menschen zur Verfügung standen, abgeleitet hat.

Dieser tradierten Haltung entspricht auch das Haus, das der Bauherr Erich Appenzeller im wesentlichen selbst entworfen hat. Die Umgebung des schlichten Hauses ist geprägt durch eine unruhige und eitle Einfamilienhausbebauung, in der dieses kleine Haus als Ruhepunkt ins Auge fällt.
Der Bauherr hat sich dieser Aufgabe Stück für Stück angenähert und entwickelte sich immer mehr zum engagierten und kompetenten Laien. Einschlägige Architektur und Einrichtungszeitschriften sind ihm durchaus geläufig, und Häuser von Sampo Widmann, Herbert Schaudt und Dietmar Eberele inspirierten ihn bei seiner Arbeit. Die Entwurfszeichnungen entstanden auf Millimeterpapier und zeigten schon die klare und einfache Struktur, die das Haus bis zum Schluß behielt. Der Zimmerermeister Walter Maier, der den Bau der Holzrahmenkonstruktion übernahm, hat die für die Baugenehmigung notwendigen Planunterlagen gezeichnet und auch die Konstruktionszeichnungen erstellt.

Angenehm fällt das Haus Appenzeller in seiner heterogenen Umgebung auf. Diese verpaßte ihm schon bald seinen Namen: »Schafstall« wird das Haus wegen seiner schmucklosen und einfachen Form genannt.

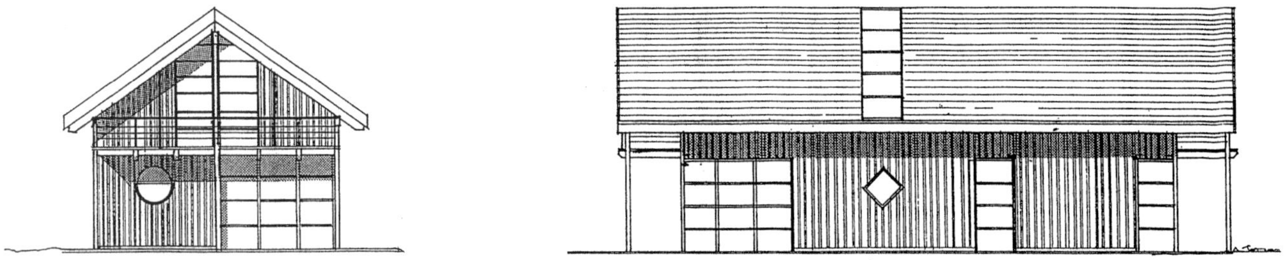

Ansicht Südwest und Ansicht Nordwest M. 1 : 200

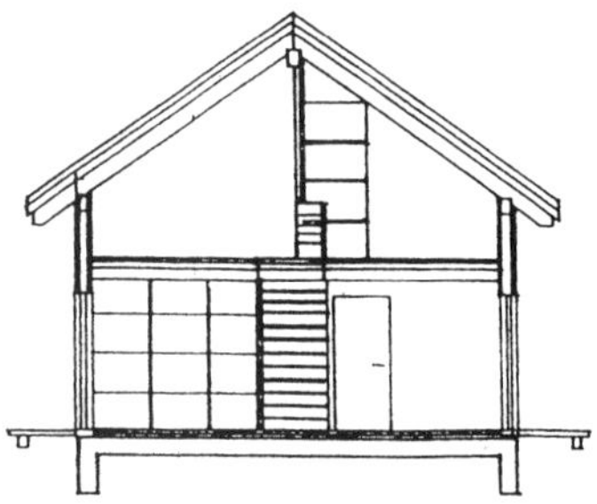

Schnitt M. 1 : 200

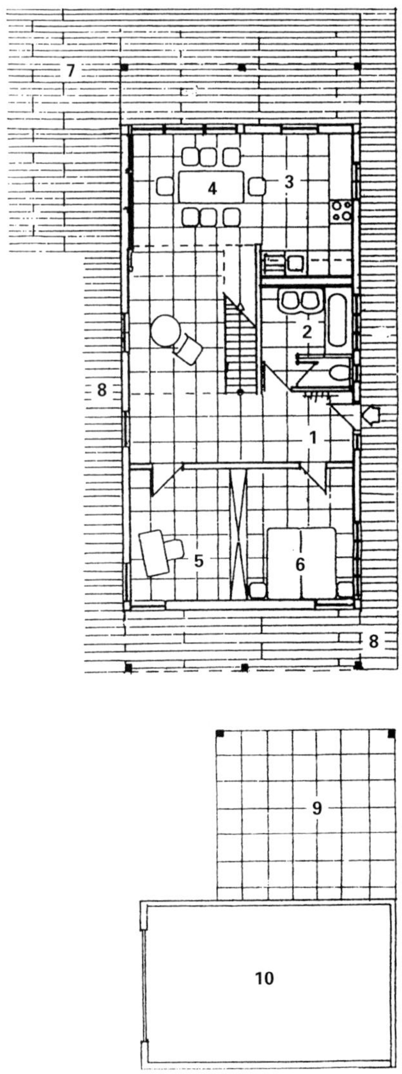

Grundriß Erdgeschoß M. 1 : 200

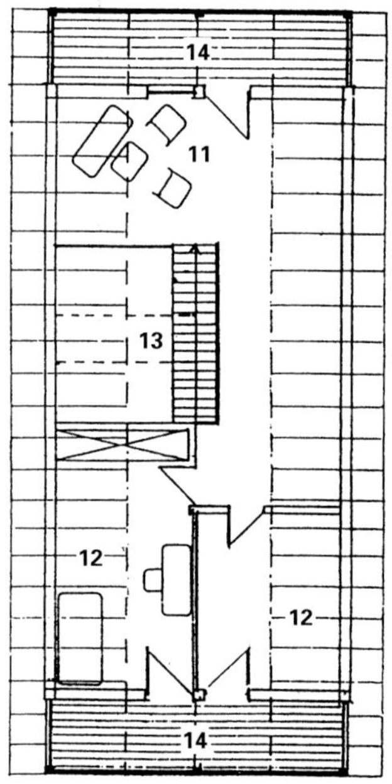

Grundriß Obergeschoß M. 1 : 200

1. Diele
2. Bad
3. Küche
4. Eßplatz
5. Arbeitszimmer
6. Schlafzimmer
7. Terrasse
8. Umgang
9. Carport
10. Garage
11. Wohnraum
12. Schlafzimmer
13. Luftraum
14. Balkon

In Eigenleistung ist die gesamte Außenhaut des Hauses entstanden. Den blaugrauen Anstrich der senkrechten Holzverschalung erledigte der Bauherr selbst. Auch die weiß gestrichenen Fenster, die einen prägnanten Farbakzent dagegen setzen, erhielten ihre Endbehandlung in Feierabendarbeit. Die geringen Spannweiten, die die Holzkonstruktion überspannen, wirken sich kostensenkend aus, da die Baukonstruktion mit gängigen Querschnitten und einfachen Verbindungen auskommt.

Der Grundriß zeigt eine interessante Variation bekannter Grundrißschemata. Das offene Erdgeschoß nimmt neben dem Koch- und Eßbereich im Ostteil des Hauses einen Schlafraum und einen Arbeitsraum auf. Bad und Küche sind an einer Installationswand gegenüberliegend angeordnet. Der über einen großen Ausschnitt mit der Erdgeschoßebene verbundene Dachraum bietet Platz für einen Wohnbereich über dem Eßplatz und zwei Individualräume im östlichen Teil des Geschosses. Die Nutzungsmöglichkeit der oberen Ebene wird durch den Kniestock von knapp einem Meter Höhe verbessert. Eine gerade, einläufige Treppe, die als Stahlkonstruktion mit Holzauftritten gefertigt wurde, verbindet beide Geschosse. Diese Stahltreppe ist wie das Geländer des Balkons von einem Schlosser nach Zeichnungen des Bauherren entstanden und zu einem günstigen Preis erstellt. Eine allseitig umlaufende Terrasse verbindet die Innenräume mit dem Außenraum und verschafft dem Gebäude einen Übergangsbereich, der noch zum Haus gehört, sich aber auch schon mit der Umgebung verbindet.

Das etwa 12,5 m lange und 6,5 m breite Haus ist auf einem einheitlichen Raster von 62,5 cm im Quadrat entstanden. Die genau mittig liegende Firstpfette hat keine größeren Spannweiten als 3,80 m zu überbrücken und kommt daher mit einem sehr günstigen Querschnitt aus. Der Standardquerschnitt der Fassadenstiele beträgt 8/14 cm bzw. 14/14 cm bei freistehenden Stützen im Raum. Waagerechte Balken für Stürze und Unterzüge sowie die Firstpfette haben Querschnitte von14/18, 14/20 und 14/22 cm. Sämtliche Sparren sind mit 8/18 cm bemessen. Diese sechs Querschnitte sind die wesentlichen vorkommenden Balkenprofile, mit denen der Bau des Hauses bewerkstelligt wurde.

Die Fassaden des Hauses bleiben so zurückhaltend, wie es der Gesamtform des Hauses entspricht. Auf wenige Formate reduziert, sitzen die Öffnungen klar und übersichtlich in den Fassaden. Ein auf die Spitze gestelltes Quadrat auf der Südwestseite und ein rundes Fenster auf der Nordwestseite, die der Bauherr schon in ersten Skizzen gezeichnet hatte, vertragen die strengen Fassaden gut.

Die reinen Baukosten für das einfache Holzhaus beliefen sich auf ca. 215 000,- DM. Die Wohnfläche beträgt etwa 113 m^2. Daraus ergeben sich Gesamtkosten in Höhe von ca. 1 650.- DM/m^2 Wohnnutzfläche zzgl. 15 % MwSt. Dieser bereits schon günstige Preis konnte durch einen relativ hohen Eigenleistungsanteil weiter reduziert werden. Der Bauherr ließ nur das konstruktive Gerüst einschließlich Fenster und Dach von der Holzbaufirma erstellen. Das Ausfachen der Wände mit Mineralwolle sowie sämtliche Beplankungs- und Verschalungsarbeiten übernahm er selbst. Auch bei den Innenausbauarbeiten war Eigenleistung der Schlüssel zum Geldsparen. Die Fußböden, die gegen das Erdreich auf der Oberseite der Fundamentplatte gedämmt sind, entstanden in eigener Regie. Sie erhielten in beiden Geschossen eine Oberfläche aus Langriemen. Das Haus ist aus Kostengründen nicht unterkellert worden; so übernimmt die Garage die üblichen Funktionen des Kellers. Das Fahrzeug findet in dem Carport zwischen Garage und Wohnhaus seinen Platz.

Der nach oben offene Wohnraum verleiht dem kleinen und einfachen Haus eine zusätzliche Dimension von Weite und räumlicher Vielfalt, ohne daß dadurch ein großer finanzieller Aufwand entstand.

Die Eigenleistung brachte dem Bauherren Ersparnisse von ca. 60 000,- DM zusätzlich gegenüber den veranschlagten Baukosten. Die in diesem Fall trotz handwerklicher Fertigung des Rahmenwerkes niedrige Bausumme erklärt sich auch aus günstigen Angeboten, die der Bauherr im Bereich der technischen Gebäudeausstattung erzielen konnte. Dennoch muß klar gesagt werden, daß die niedrigen Kosten ohne Eigenleistung nicht erzielt worden wären. Die klassischen Möglichkeiten, Kosten zu reduzieren, wie Vorfertigung oder Serie, entfallen hier. Die kurze Zeit, die zur Errichtung des Rahmenwerkes nötig war, schlägt sich positiv im Preis der Holzkonstruktion nieder, da dadurch Standzeiten auf der Baustelle reduziert werden konnten und eine länger bereitstehende Baustelleneinrichtung entfiel. Fertig war das Haus nach vier Monaten natürlich noch nicht, aber die wesentlichen Arbeiten waren abgeschlossen, und der Bauherr konnte einziehen. Der Innenausbau wurde erst danach und in völliger Eigenleistung bewältigt.

Österreich
Rauh und wohnlich

Objekt: Einfamilienhaus mit Werkstatt
Standort: Mieders im Stubaital, Tirol
Architekt: Georg Driendl, Wien
Mitarbeiter: Birte Jessen
Holzstatik: Dr. D. I. Georg Unger
Statik: D. I. Ernst Illetschko
Bauzeit: zwölf Monate
Nutzfäche: 250 m^2
Baukosten: ca. 1 700,- DM/m^2 Nutzfläche
zzgl. 20 % MwSt.
kostengünstig: Eigenleistung im Ausbau,
Holzverbindungen mit Stahlelementen,
offener Grundriß,
gebündelte Installationen

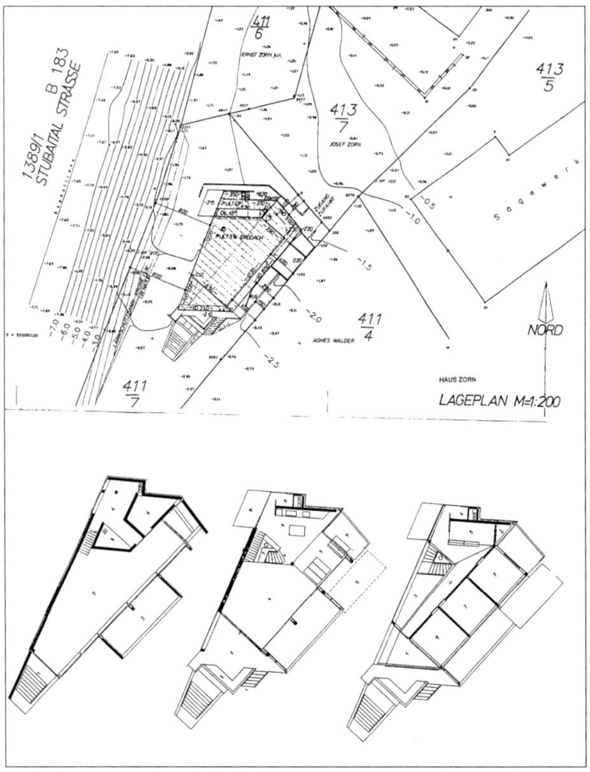

Lageplan M. 1 : 1 000

Zehn Kilometer von Innsbruck entfernt, im Tiroler Stubaital, steht am Rand des kleinen Ortes Mieders in 1 000 m Höhe ein in Form und Volumen unübliches Holzhaus. Das eigenwillige Gebäude ist letztendlich die einfühlsame Umsetzung seiner direkten Umgebung in eine Hausform. Schon das Baumaterial - Fichten- und Lärchenholz - erklärt sich inmitten der bewaldeten Alpenlandschaft von selbst. Der Bauherr, ein Holzmöbelhersteller, wollte zudem durch seine aktive Mitarbeit einen Beitrag zur Kostenreduzierung leisten. So entstand als Ergebnis, zu einem sehr günstigen Preis, ein gestalterisch, konstruktiv und wärmetechnisch modernes Haus, das auf die vorgefundenen Zwänge geschickt antwortet und sich auch ohne Nachahmung der verbreiteten alpenländischen Satteldacharchitektur in die Landschaft einfügt.

Die dreieckige Form ist kein gestalterischer Einfall des Architekten, sondern folgt den vorgegebenen Baufluchtlinien. Das Haus ist aus Materialien der direkten Umgebung gebaut und nach dem Sonnenverlauf und dem Panorama ausgerichtet.

Vom Fenster aus können der Stubaier Gletscher und die 2 700 m hohe Serles betrachtet werden. Das Panorama entschädigt die Bewohner der sonst ungünstigen Wohnlage zwischen Sägewerk und Bundesstraße.

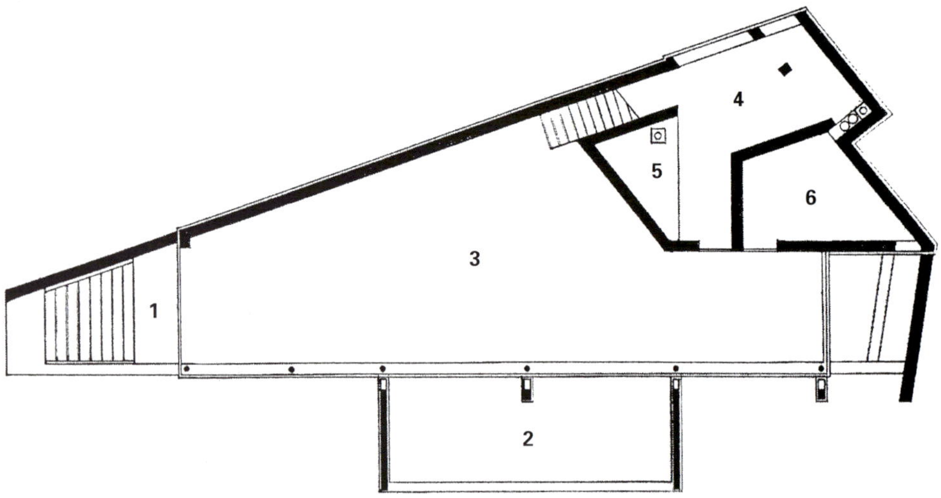

Grundriß Kellergeschoß M. 1 : 200

1. Freitreppe massiv
2. Regenwasserauffangbecken (Steingarten)
3. Arbeitsraum (Möbellabor)
4. Heizraum
5. Lager
6. Schutzraum (genutzt für Dusche und Waschmaschine, verbunden mit OG durch Kleiderabwurfschacht)

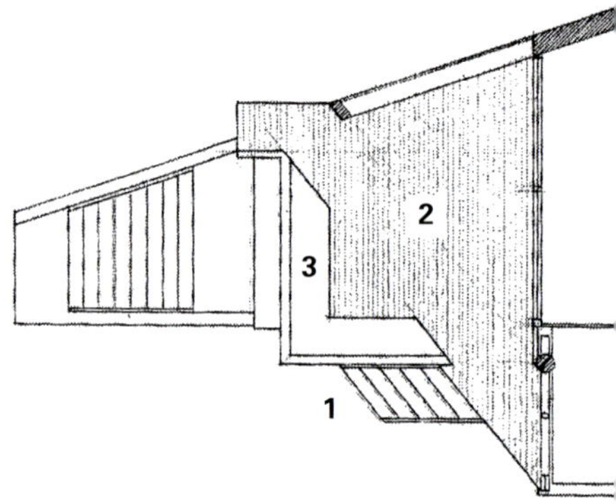

Grundriß Erdgeschoß

1. Freitreppe Holz
2. Terrasse, Gitterrost Lärche
3. Sitzbank, Gitterrost Buche
4. Wohnraum, Fichtendielen
5. Garderobe (verschiebbar), Lärchendiele
6. Treppe, Buche/Stahl

Eine überraschende Architektur konnte, trotz der vielen Zwänge entstehen. Das keilartige Grundstück war ursprünglich Teil des benachbarten Sägewerks, das nach wie vor in Betrieb ist. Auf der gegenüberliegenden nordwestlichen Längseite des Grundstücks läuft die stark befahrene Stubaier Bundesstraße, die einzige Verkehrsader durch das ganze Tal. Um das Haus vor Lärm und Abgasen zu schützen, ist es um 8 m von der Grundstücksgrenze zurückversetzt worden und zudem wurde eine kleine künstliche Mulde zwischen Haus und Sraße errichtet.
Die dreieckige Grundform folgt exakt den vorgegebenen Baufluchtlinien und nutzt somit die zur Verfügung stehende Fläche optimal aus. An der südlichen Spitze befindet sich eine große Freitreppe, die zur Werkstatt im Untergeschoß führt. Durch ein Oberlichtband über dem außenliegenden Regenwasserauffangbecken ist es im Keller, der fast gänzlich von dem Möbellabor des Bauherren eingenommen wird, hell genug, um ohne zusätzliche Beleuchtung arbeiten zu können. Über eine offene Treppe erreicht man die, über dem Erdreich erhöhte, Hauptwohnebene mit Eingang, Garderobe, WC, Koch- und Wohnbereich, Die Treppe, die sich um die Ecke fortsetzt und weiter ins Obergeschoß führt, dreht sich um den raumbestimmenden zentralen Kachelofen, ein traditionelles Element, das durch den grauen Verputz und das Edelstahlabzugsrohr eine der Atmosphäre entsprechenden Modernität erhält. Gegenüber der Treppe steht eine schwarz eingefärbte Stahlbetonscheibe, um die sich auf beiden Geschoßen sämtliche Naßräume gruppieren. Über die Oberlichter im Bad von der Sonne beschienen, dient sie als Wärmespeicherwand. Gleichzeitig sorgt sie für die Queraussteifung der Holzskelettstruktur.

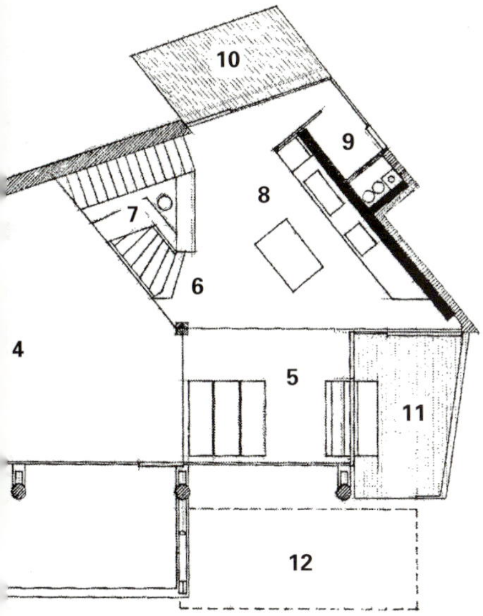

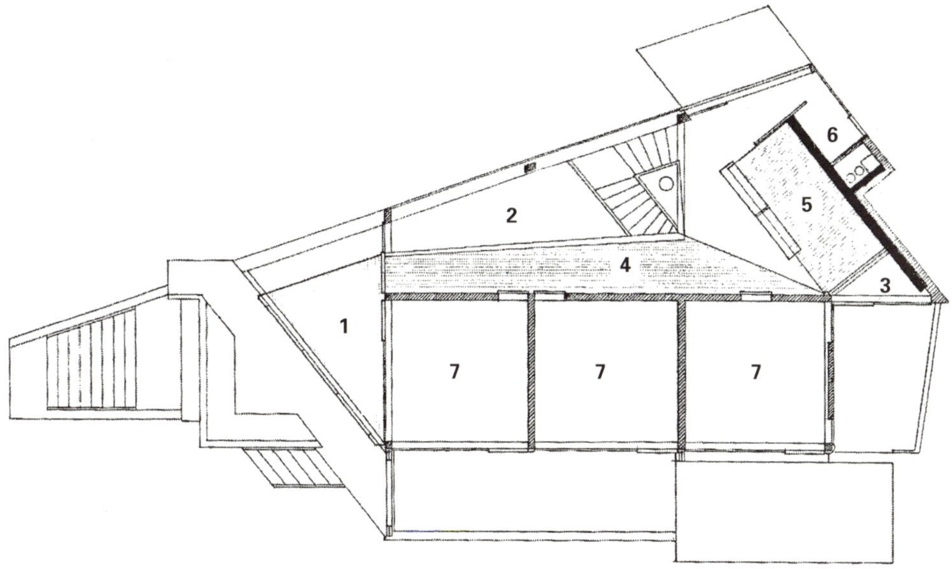

7. Kachelofen, gemauert
8. Küche, grüner Marmor
9. WC
10. Freiplatz, Gitterrost Lärche
11. Vorplatz Eingang, Gitterrost Lärche
12. gedeckter Carport

Grundriß Obergeschoß

1. Balkon, Gitterrost Lärche
2. Luftraum
3. Luftraum
4. Galerie, Gitterrost Buche
5. Bad mit verschiebbarem Raumtrennregal, Gitterrost Buche
6. WC
7. Zimmer, Fichtendielen

Der kleine Eßplatz gegenüber der Kochzeile ist der »Hauptplatz« für das Familienleben. Er liegt zentral zwischen dem Kachelofen mit umlaufender Treppe, dem Eingang mit Garderobe, dem Gäste-WC und der nordwestlichen Terrasse.

Von einer Galerie über dem Wohnraum werden die drei Schlafzimmer erschlossen, die die einzigen wirklich abgetrennten Räume des ganzen Hauses sind, denn der gesamte Innenraum ist über zwei Geschoße als ein offener Raum konzipiert. Mögliche Teilabtrennungen ergeben sich durch verschiebbare Elemente unterschiedlicher Ausfertigung. Zwischen Garderobe und Wohnraum bzw. Kochzone und entlang der verglasten Südostfassade gibt es raumhohe Schiebetüren aus holzgerahmtem Milchglas, die den direkten Einblick versperren, aber lichtdurchlässig sind. Das gleiche Material ist für die Rückwände verschiebbarer Schränke im Bad benutzt worden, die diesen Bereich abgrenzen. Allerdings reichen die Elemente in diesem Fall nicht bis zur Decke, sondern hängen an einem eingefügten Stahlträger. Die WC's haben überbreite hölzerne Schiebetüren: Ist das Bad offen, verschließt sich das WC und umgekehrt. Besonders konstruierte Schränke bilden die Garderobe im Erdgeschoß, die auch als Archiv und Stauraum benutzt werden: Auch sie hängen an Stahlunterzügen und können je nach Bedürfnis als Block zusammen- oder als Einzelelemente auseinandergeschoben werden. Diese Elemente, die anstelle von Wänden und Türen die Nutzbereiche voneinander abgrenzen, und vieles mehr, wie z. B. die Holzgeländer, die Fußbodenverlegung im Innern und die Terrassenböden, konnte der durch seine Möbelproduktion in Sachen Holzbau ohnehin kompetente Bauherr nach Angaben des Architekten selbst übernehmen. Seine hohe Eigenleistung bietet einen der wesentlichen Einsparungsfaktoren.
Als architektonisches Ergebnis zeigt sich ein besonders freies und modernes Raumgefüge, das von den üblichen Vorstellungen eines Wohnhauses weit entfernt ist und in seiner spannungsreichen Abfolge sowohl Wärme und Intimität als auch Offenheit und Großzügigkeit ausstrahlt.

Schwarze Schieferplatten verkleiden im Bad die Betonspeicherwand. Da sämtliche Installationen an dieser Wandscheibe gebündelt sind, entfielen teure Rohrverlegungen.

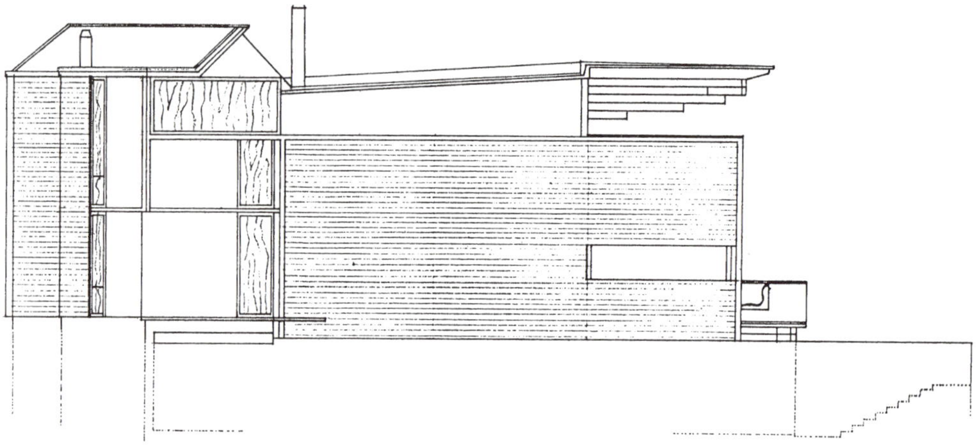

Westansicht

Das Rückgrat des Hauses ist die große Stahlbetonscheibe, die als Wärmespeicherwand fungiert. Während der Aufstellung sorgte sie zunächst für Irritation im Dorf. Nach der Fertigstellung ist sie, von außen gedämmt und holzverschalt, als solche nicht mehr erkennbar.

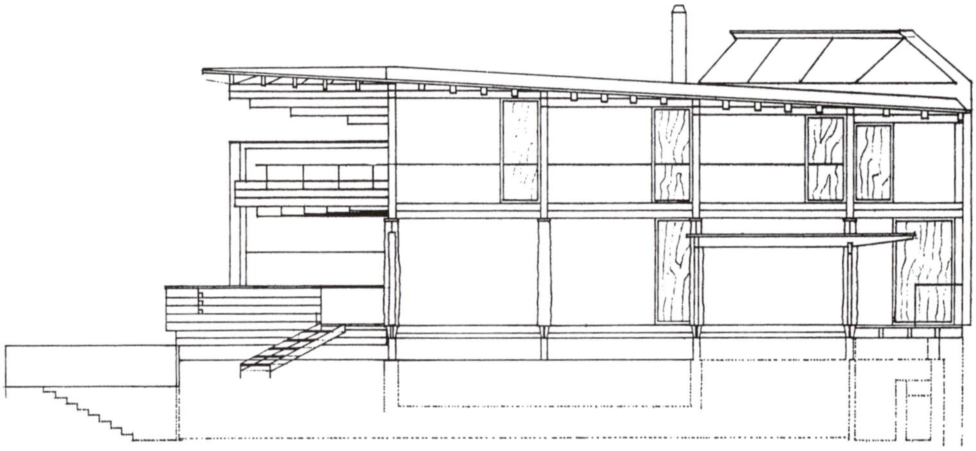

Ostansicht

Auf die passive Nutzung von Sonnenenergie legte der Architekt, in diesem Fall auch wegen des rauhen Klimas auf 1 000 m Höhe, nachhaltigen Wert, denn sie ist ein zeitloser Einsparungsfaktor. Er organisierte das Haus nach dem Sonnenlauf: Nach Norden ist es weitgehend geschlossen, während auf den Sonnenseiten eine differenzierte Abstufung von innen nach außen stattfindet. Diese Organisation, aber ebenso die gewählten Materialien, geben dem Haus auch eine besondere Wohnqualität, werden doch die enge Verbindung zur umliegenden Landschaft und zum natürlichen Tages- und Jahreszeitenrhythmus gefördert.
Neben dem großzügigen, überdachten Vorplatz des Haupteinganges ist in Richtung Sägewerk ein überdachter PKW-Unterstellplatz angeordnet. Auf dieser Seite befindet sich auch das Regenwasserauffangbecken, mit dem die WC's bewässert werden und dessen Lichtreflektion die Werkstatt im Untergeschoß erhellt. Die Hauptterrasse liegt an der schmalen Südspitze und gibt den Blick auf den imposanten Stubaier Gletscher frei. Beschattet wird sie von dem darüberliegenden, etwas kleineren Balkon, während die durchlaufende Holzfassade sie vor dem Straßenlärm schützt.
Eine weitere Terrasse gegenüber der Küche ermöglicht den direkten Zugang nach außen auf alle Seiten des Hauses.

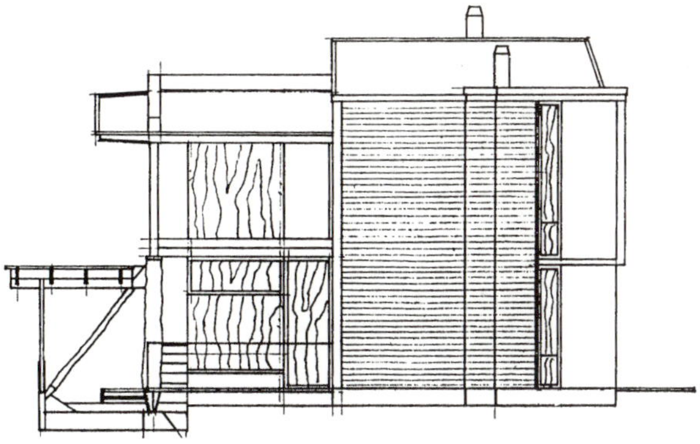

Nordansicht

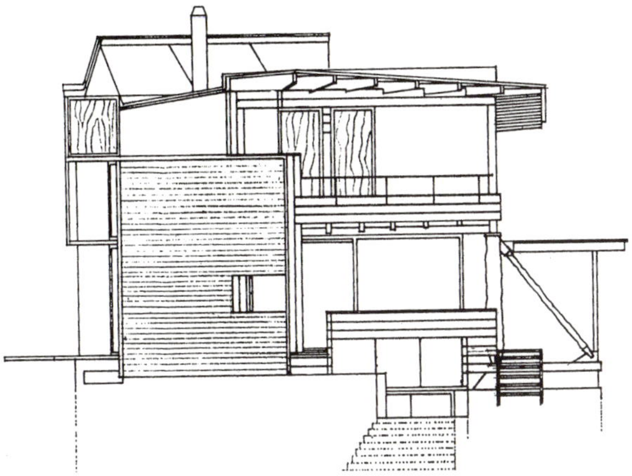

Südansicht M. 1 : 200

Eine Eckbank ist ein Beispiel für die übernommenen und in moderne Architektursprache umgesetzten traditionellen Elemente. Zur Bundesstraße läuft die schützende Holzfassade entlang der Terrasse weiter, ein darin eingeschnittenes Fenster rahmt das sehenswerte Panorama ein.

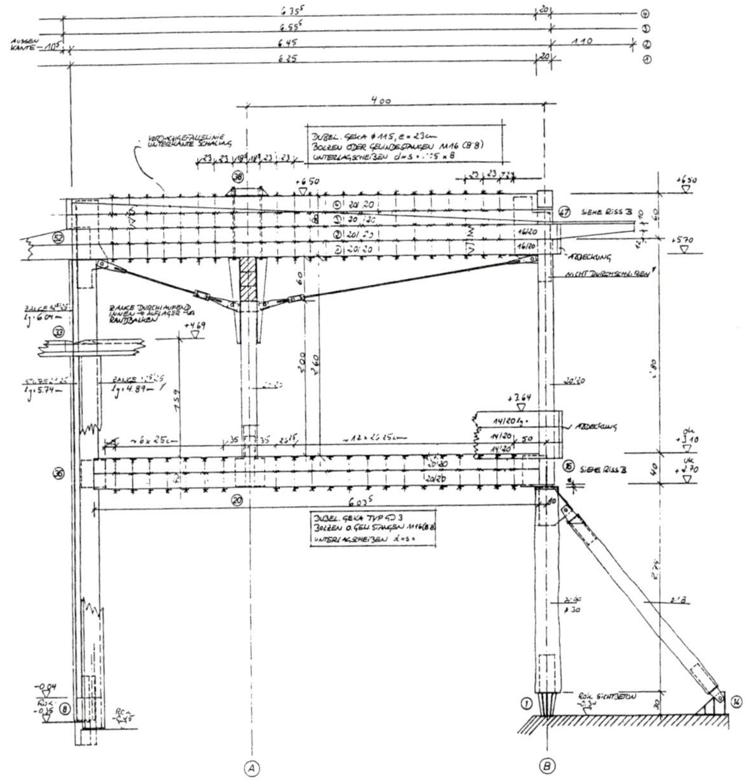

Achse 1

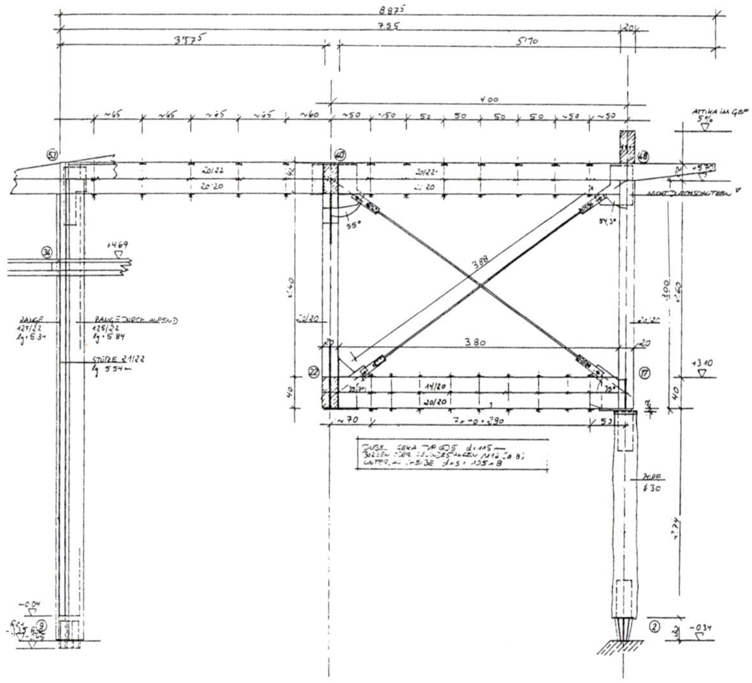

Achse 2

Konstruktionsquerschnitte in den Hauptquerachsen 1, 2, 3, 4 M. 1 : 10

1. Fassaden Südterrassen
2. Wohnraum EG/Zimmer OG
3. Treppenankunft, Küche-Garderobe EG/Zimmer OG
4. Eingang EG/Zimmer OG

Die Konstruktion sollte weder innen noch außen die Perfektion eines Möbels haben. Der Verzicht auf feingeschliffene und lackierte Holzelemente ist zudem ein weiterer Faktor der Kostenreduzierung. Die äußerst sorgfältige Planung hält bis ins Detail den etwas rauhen, aber niemals berghüttenähnlichen Charakter des modernen Konzeptes durch. Das Material - mondgeschlägerte Lärche außen und Fichte innen - wurde aus der unmittelbaren Umgebung bezogen, wodurch teure Transportkosten entfielen. Der massive Skelettbau über dem Betonuntergeschoß gliedert die Grundform in drei zentrale Querfelder unterschiedlicher Länge: Trotz der großen Spannweiten konnte der Architekt infolge der geschickten Raumaufteilung und des Einsatzes von Stahlverbindungen auf wesentlich teurere Leimbinder verzichten und eine traditionelle Stützen- und Balkenbauweise einsetzen. Da der Holzbau keine Wärmebrücken verursacht, war es möglich, die Erdgeschoßstützen der Südostfassade deutlich vor die Glasfassade zu setzen. Das bis auf die Stützenachse hervorkragende Obergeschoß bildet den natürlichen Sonnenschutz des Erdgeschoßes, wodurch kostenintensive Zusatzmaßnahmen entfallen konnten.

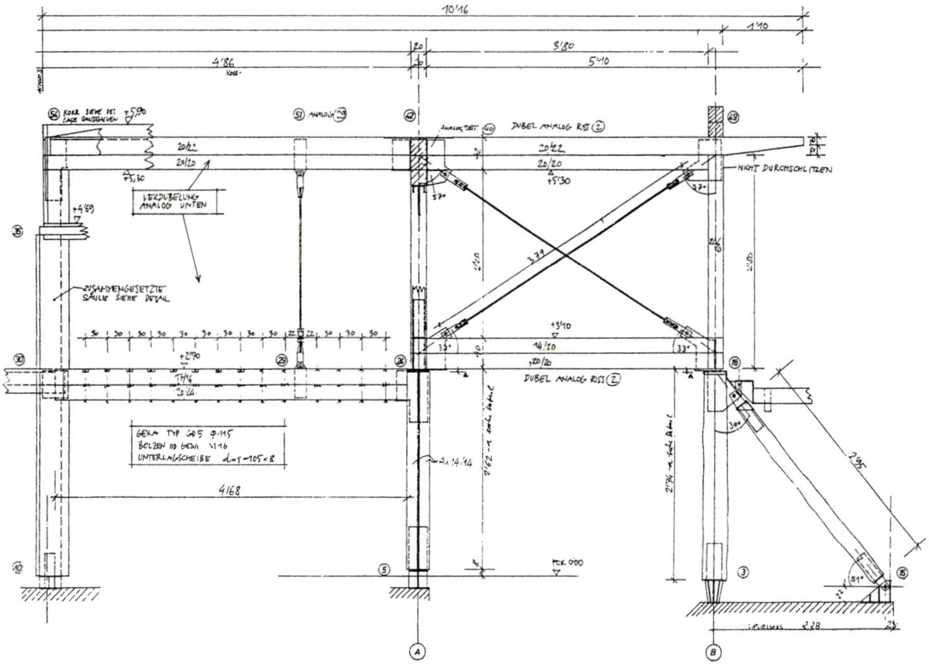

Achse 3

Die diagonalen Holzabstützungen fangen die seitlichen Schubkräfte auf und vermeiden übertriebene Querschnitte der Tragstützen. Starke Dübel, Stahlabspannungen sowie Stahlwinkelplatten und -schuhe stellen innen und außen sichtbar die Verbindung an den komplexen Knotenpunkten her.

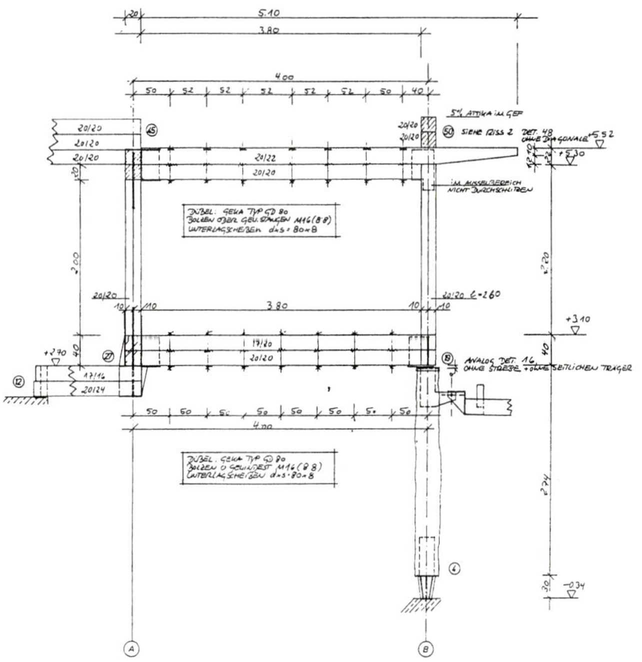

Achse 4

Entlang der Kelleraußenwand ist das Auffangbecken für Regenwasser angeordnet. Ein schmaler Steg zwischen der darüberstehenden Glasfassade und den davorliegenden Stützen dient der Wartung und ermöglicht auch das Fensterputzen.

MATERIAL UND AUSBAU

Die unkomplizierte Verarbeitung, die eine Eigenleistung ermöglicht, vereinfacht auch die Verbindung von Holz mit anderen Materialien. So kann beispielsweise ein Holzskelettbau problemlos mit Aluwelle außen oder Gipskarton innen verkleidet werden und umgekehrt eine Holzverkleidung auf Mauerwerkswände montiert werden. Im Ausbau ergeben sich besondere Vorteile, da sich Zwischenwände oder Verkleidungen leicht hinzufügen oder entfernen lassen, Installationen ohne Aufwand in den Hohlräumen geführt werden können, wo sie zudem jederzeit zu Reparaturzwecken erreichbar sind. Nicht zuletzt kann man dadurch Innenausbauten auch nachträglich realisieren.

Japan
Box House I

Objekt: Einfamilienhaus in der Großstadtperipherie
Standort: Tokyo
Architekt: Kazuhiko Namba + Kay Workshop, Tokyo
Bauzeit: sechs Monate
Nutzfäche: ca. 120 m^2
Baukosten: 1 815,- DM/m^2 Nutzfläche*
zzgl. 3 % Verbrauchssteuer
kostengünstig: vorgefertigte Modulbauweise mit
minimalen Varianten,
kompaktes Volumen,
keine Unterkellerung

*Wechselkurs Stand 1997 1 US $ = 1,7 DM
Zu Realisierungszeiten = 1,4 DM → 1495,- DM/m^2 Nutzfläche

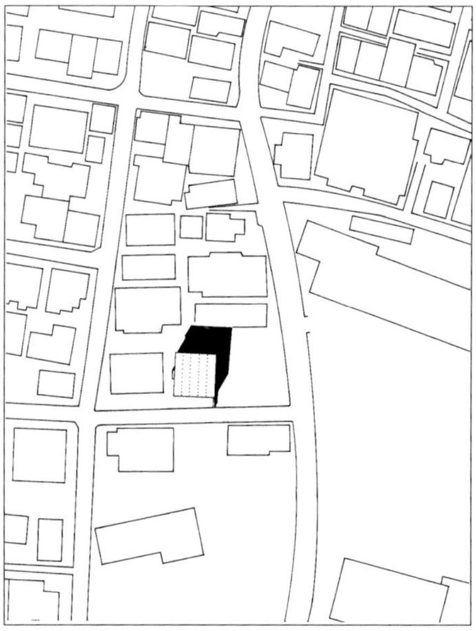

Lageplan M. 1 : 2 000

Viel weniger bekannt als die asketischen Betonbauten hat die traditionsreiche und ebenso gepflegte japanische Holzbauarchitektur sehr interessante moderne Bauten hervorgebracht. Jüngstes Beispiel ist der hier vorgestellte Holzrahmenbau des Architekten Kazuhiko Namba. Das Gebäude befindet sich in der endlosen Peripherie von Tokyo und fällt inmitten bunt gemischter Einfamilienhäuser durch seine unaufdringliche Einfachheit und frische Offenheit angenehm auf.

Das Box House, wie es der Architekt benannt hat, bietet sich als Prototyp des urbanen Hauses der Zukunft an. Architektonisches Leitmotiv ist die Minimierung: Es geht um minimale Abmessungen des Volumens (ein Aspekt, der in dem dicht bevölkerten Japan besonders wichtig ist) und um minimale Realisierungskosten. Deshalb realisierte man den Bau mit vorgefertigten dreidimensionalen Holzrahmenelementen, und die Anzahl der Varianten im modularen System wurden auf ein Minimum reduziert. Dem strengen Konstruktionssystem entspricht die klare geometrische Grundrißorganisation, die in ihrer reduzierten Einfachheit ein sehr wirkungsvolles Raumgebilde erzeugt.

120 m^2 Wohnfläche stehen der fünfköpfigen Familie auf dem insgesamt nur 140 m^2 großen Grundstück zur Verfügung. Trotz der reduzierten Fläche gelang es dem Architekten, ein räumlich abwechslungsreiches und funktionelles Haus zu realisieren, das nicht zuletzt für japanische Verhältnisse auch sehr kostengünstig ist.

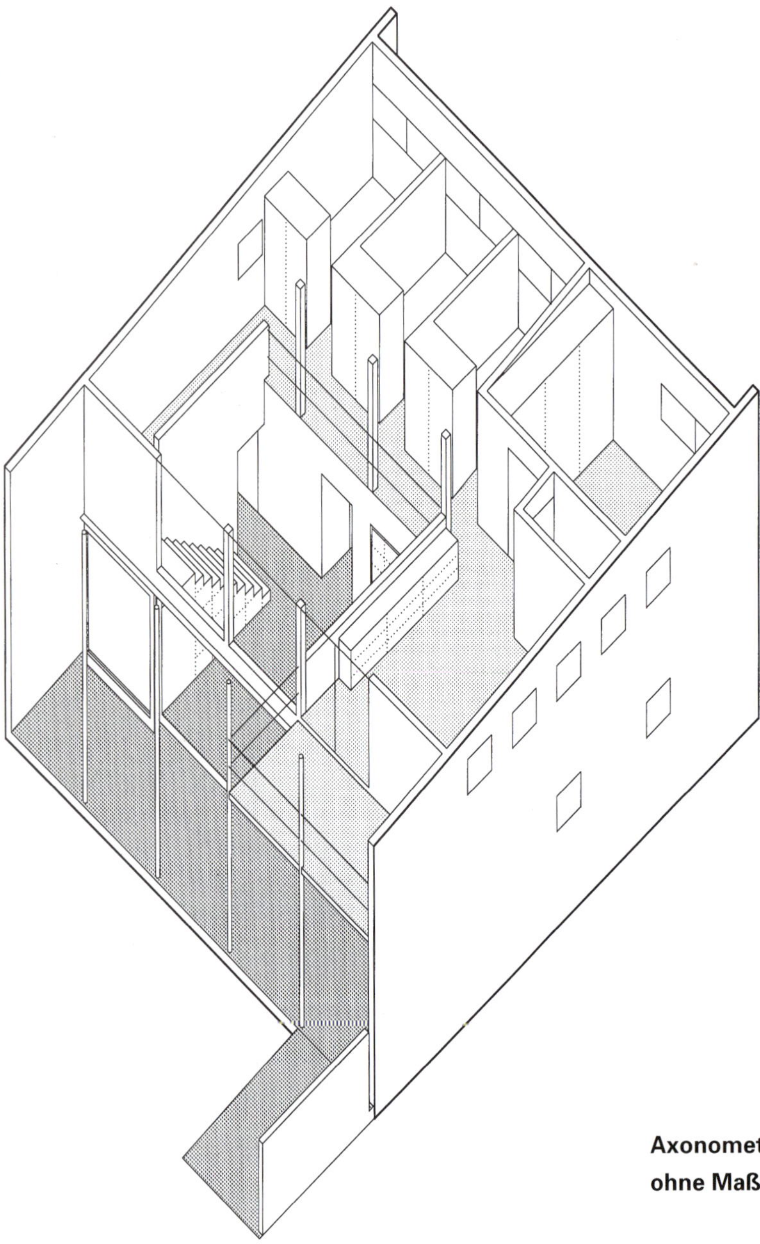

Axonometrie Wohnebenen ohne Maßstab

Die Großzügigkeit des kleinen Hauses entsteht durch die Zweigeschossigkeit der zentralen Wohn- und Eßhalle, die sich nach Süden über eine haushohe Verglasung zur überdachten Terrasse öffnet. Die restlichen drei Seiten sind von einer Galerie umrahmt, die die kleinen Schlafräume erschließt und in einem intimen Wohnbereich mit Balkon endet.

Grundriß Obergeschoß

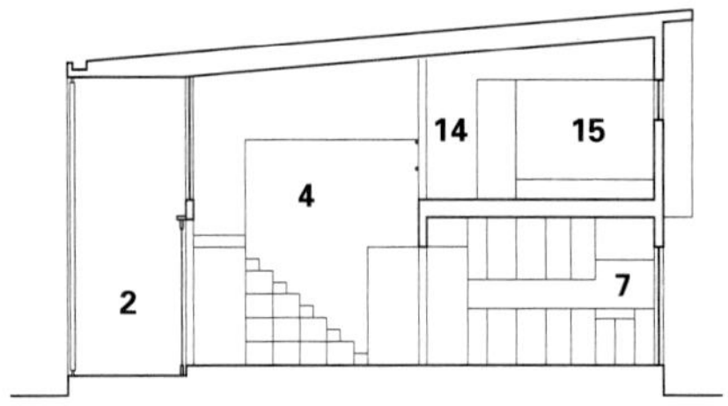

Querschnitt

Grundriß Erdgeschoß M. 1 : 200

1. Vorplatz
2. Terrasse
3. Eingang
4. Wohn- und Eßhalle
5. Tatamiraum
6. Abstellraum
7. Küche
8. Badewannenraum
9. Ankleide
10. Waschraum
11. WC
12. Treppe + Stauraum
13. Treppe
14. Galerie
15. Kinderschlafalkoven
16. Elternschlafzimmer
17. WC
18. Wohnbereich
19. Balkon
20. Luftraum Wohn-Eßhalle

Die hohen Grundstückskosten in Japan lassen ein Haus mit 120 m^2 Wohnfläche für eine fünfköpfige Familie in und um Tokyo zum Luxus werden.
Mit dem Einverständnis der experimentierfreudigen Bauherren konnte der Architekt in dem zweigeschossigen Einfamilienhaus die abgetrennten Privaträume auf ein Minimum reduzieren und dafür den gemeinsamen Lebensbereich der Familie, in dem die Eßhalle die Hauptrolle spielt, so großzügig gestalten, daß in dem kleinen Haus keine Enge aufkommt .
Der Eingang befindet sich unter dem zugleich als Wetterschutz dienenden Balkon der Südfassade und wird auf diese Weise deutlich gekennzeichnet. Die Eingangsdiele ist nach japanischer Tradition nicht einsehbar und durch Einbauschränke von der zweigeschossigen Wohn- und Eßhalle abgeschirmt. Einen wichtigen Teil des Erdgeschosses nimmt der traditionelle Tatamiraum mit angeschlossenem Abstellraum (Nando) ein. Knapp bemessene Nutzräume sind geschickt organisiert hinter der schmalen Küche und der Treppe entlang der westlichen Hausseite plaziert. Die Trennung von Baderaum, Ankleide, Waschraum und WC in kleine Einzelräume ermöglicht den fünf Familienmitgliedern eine separate Nutzung: ein nicht zu unterschätzender Aspekt der Wohnqualität, denkt man an die morgendliche Hektik, wenn gleichzeitig drei Kinder zur Schule und beide Eltern ins Büro müssen. Im Obergeschoß ist den Schlafräumen zusätzlich ein WC zugeordnet. Während das Elternschlafzimmer ein wirklich abgeschlossener Raum ist, sind die drei kleinen türlosen Schlafalkoven der Kinder nur durch 1,80 m hohe Schränke abgetrennt.
Das Haus besitzt aufgrund der stimmig angeordneten Öffnungen und der Holzvertäfelung eine helle und freundliche Atmosphäre und strahlt von innen, durch die spannungsvoll versetzten Volumen und die gekonnte Einbeziehung des Außenraumes, eine heitere Großzügigkeit aus.

Der Tatamiraum, in dem die traditionelle japanische Teezeremonie stattfindet, bezieht seinen Namen von den ca. 90 x 180 cm großen Matten, die den Boden belegen. Der 5 cm dicke Tatami ist mit Reisstroh gefüllt und außenseitig mit einer dünnen geflochtenen Binsenschicht bezogen, die jedes Jahr erneuert wird. An diesen Raum schließt sich ein besonderer Abstellraum an, von Japanern Nando genannt, ein Raum, der früher auch als Geheimzimmer gedient hat und der heute, in den kleinen modernen Häusern, hauptsächlich zur Unterbringung nur zeitweise benötigter Gegenstände benutzt wird.

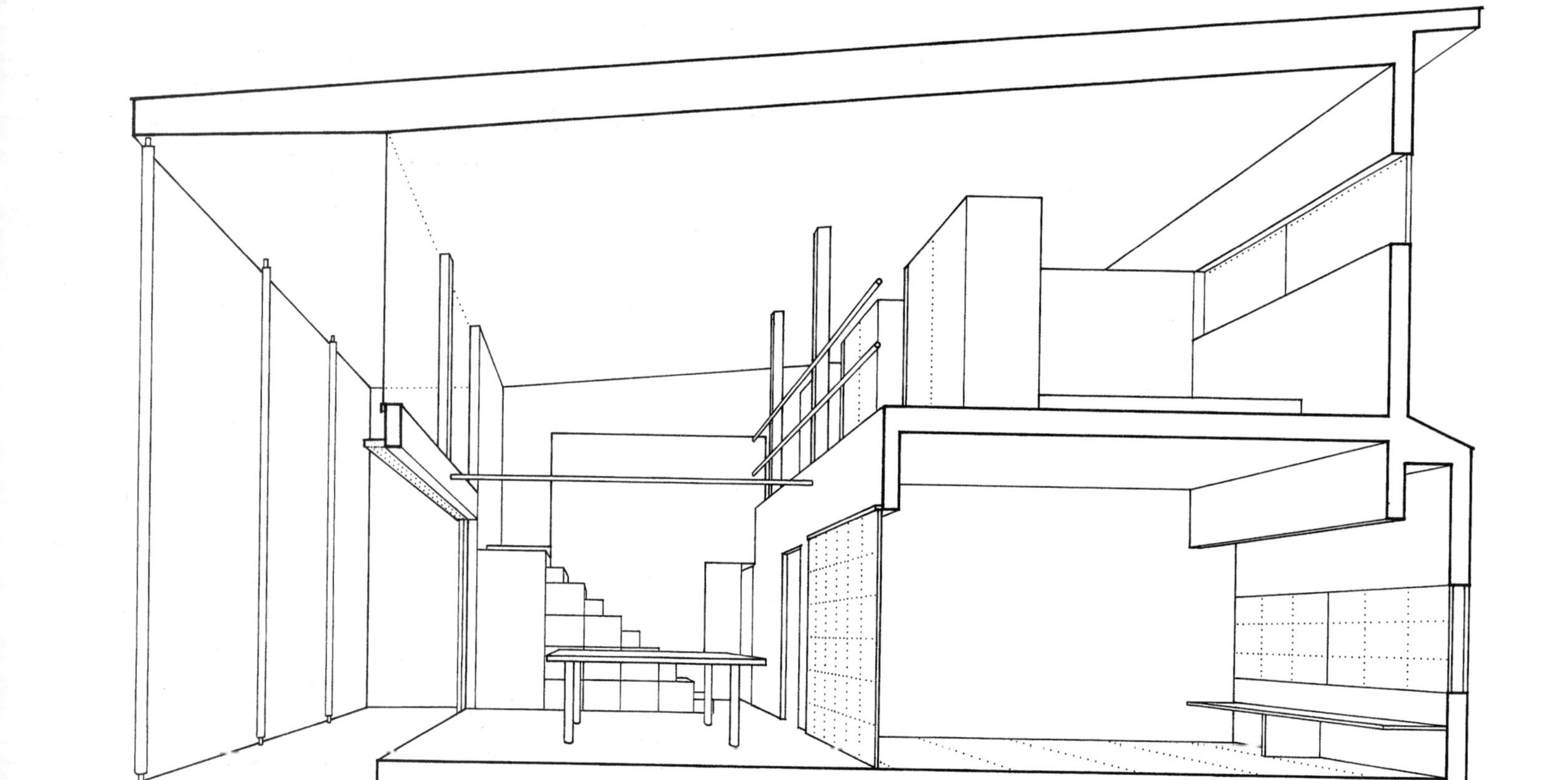

Perspektive Innenraum im Querschnitt durch Wohnhalle und Tatamiraum, Galerie und Schlafalkoven

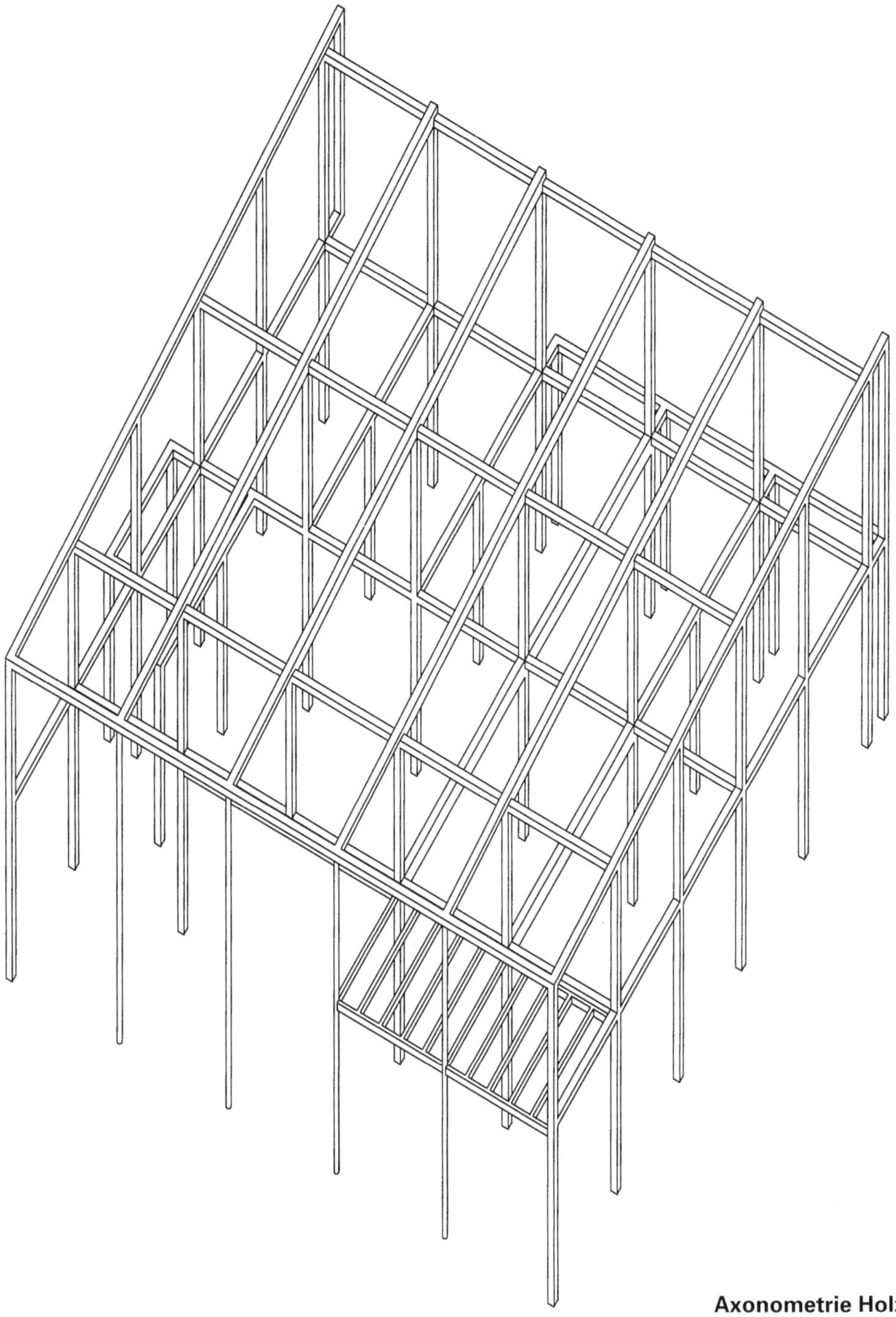

Eine vor kurzem von einer japanischen Fachzeitschrift angestellte Untersuchung bezüglich der Baukosten ergab, daß die durchschnittlichen Gesamtbaukosten in und um Tokyo beim Einfamilienhaus in Holzbauweise um ca. 500,- DM/m² Nutzfläche höher liegen als die des Box Houses I des Architekten Namba. Die Gründe dafür liegen außer in der Einfachheit des konstruktiven Konzeptes und der Optimierung des architektonischen Entwurfes auch in der Auswahl des Verkleidungsmaterials innen wie außen.

Axonometrie Holzrahmenbau M. 1 : 100

Von einer strengen Kostenanalyse ausgehend waren Standardisierung von Konstruktion und Materialien sowie deren wartungsfreie Instandhaltung die ausschlaggebenden Kriterien für die Auswahl der Baustoffe. Durch den Holzrahmenbau bedingt, konnten zu einem günstigen Preis dreidimensionale modulare Elemente vorgefertigt werden. Auch die Minimierung der unterschiedlichen Varianten im System leistete einen wichtigen Beitrag zur Kostenreduzierung. Möglich war dies aufgrund der klaren inneren Raumaufteilung mit wenigen Abtrennungen. Das ca. 9 x 9 m große Gebäude ist, wie sein Name »Box House I« bereits vermittelt, eine einfache Holzschachtel ohne Unterkellerung. Das konstruktive Modul dieses Rahmenbaus baut auf einem Raster von 1,8 x 3,6 m auf. Der Grundriß ist exakt in zwei Teile, einen südlichen Wohnbereich und eine nördliche Nutzzone, aufgeteilt. 7,2 m ist das Haus (ohne Terrasse) in dieser Richtung tief; durch die zentrale Stützenreihe entlang der Galerie mißt die maximale Spannweite 3,6 m. Um den Blick nach außen nicht zu versperren, sind die Stützen, die das auskragende Dach über der Terrasse tragen, aus schlanken Stahlprofilen. Der Durchmesser der 4,5 m hohen Rohre konnte dadurch auf ca. 8 cm reduziert werden. Die verlängerten Außenwänden übernehmen die Queraussteifung sowie einen Teil der Last.

Die Glasfront zwischen Eßhalle und Terrasse ist im Erdgeschoßbereich mit zwei holzgerahmten gläsernen Schiebepaneelen verschließbar. Die hier notwendige Stütze wurde mit einem horizontalen Träger ausgewechselt, um im geöffneten Zustand die direkte Einbeziehung des Außenbereiches zu ermöglichen. Es handelt sich dabei um eine der Varianten, die bei diesem Wohnobjekt der Erhöhung der Wohnqualität dient.

Die Konstruktion ist einfach und funktionell, sowohl im Konzept als auch in der Ausführung. Sechs Monate nach Baubeginn war das Haus bereits bezugsfertig. Bei den auf wenige Millimeter reduzierten Bautoleranzen des vorgefertigten Holzbaus ist eine fehlerfreie und somit zeitsparende Bauabwicklung möglich. Vorraussetzung, um auf der Baustelle in kürzerster Zeit die vorgefertigten Einzelelemente von Struktur und Verkleidung montieren zu können, war eine bis ins Detail präzise Planung. Einzelfundamente aus Beton tragen die um ca. 50 cm über dem Erdreich erhöhte Balkenlage des Erdgeschosses und nehmen die Lasten vom Zwischendeck und dem Dach auf - einem in südlicher Richtung abfallendem, flachgeneigtem Pultdach, das hinterlüftet mit galvanisierten Blechbahnen gedeckt ist.

Zur Raumseite erhielten die Decken wie auch die Wandinnenseiten eine Bekleidung aus 6 mm dicken, farblos lackierten Sperrholzplatten. Außenseitig sind die in 1,80 m Abstand angebrachten 10,5 x 10,5 cm starken Holzständer mit hinterlüfteten Zementfaserplatten verkleidet; der Zwischenraum ist mit Glaswolle gedämmt. Beheizt wird das Haus mit einer Fußbodenheizung, die über eine Gastherme betrieben ist. Besondere Achtung wird, aufgrund der hohen Feuchtigkeit in den Sommermonaten, der Durchlüftung der Räume geschenkt. Von der großen südlichen Öffnung der Wohnhalle zieht die frische Luft zu den Fenstern der kleinen Schlafzimmer im Obergeschoß. Auch der Dachüberstand der Terrasse ist den örtlichen klimatischen Bedingungen entsprechend ausgebildet. Während die flachstehende Wintersonne bis in die nördlichen Räumen eindringt, ist im Sommer die Terrasse maximal zur Hälfte beschienen und die Wohnhalle komplett abgeschirmt.

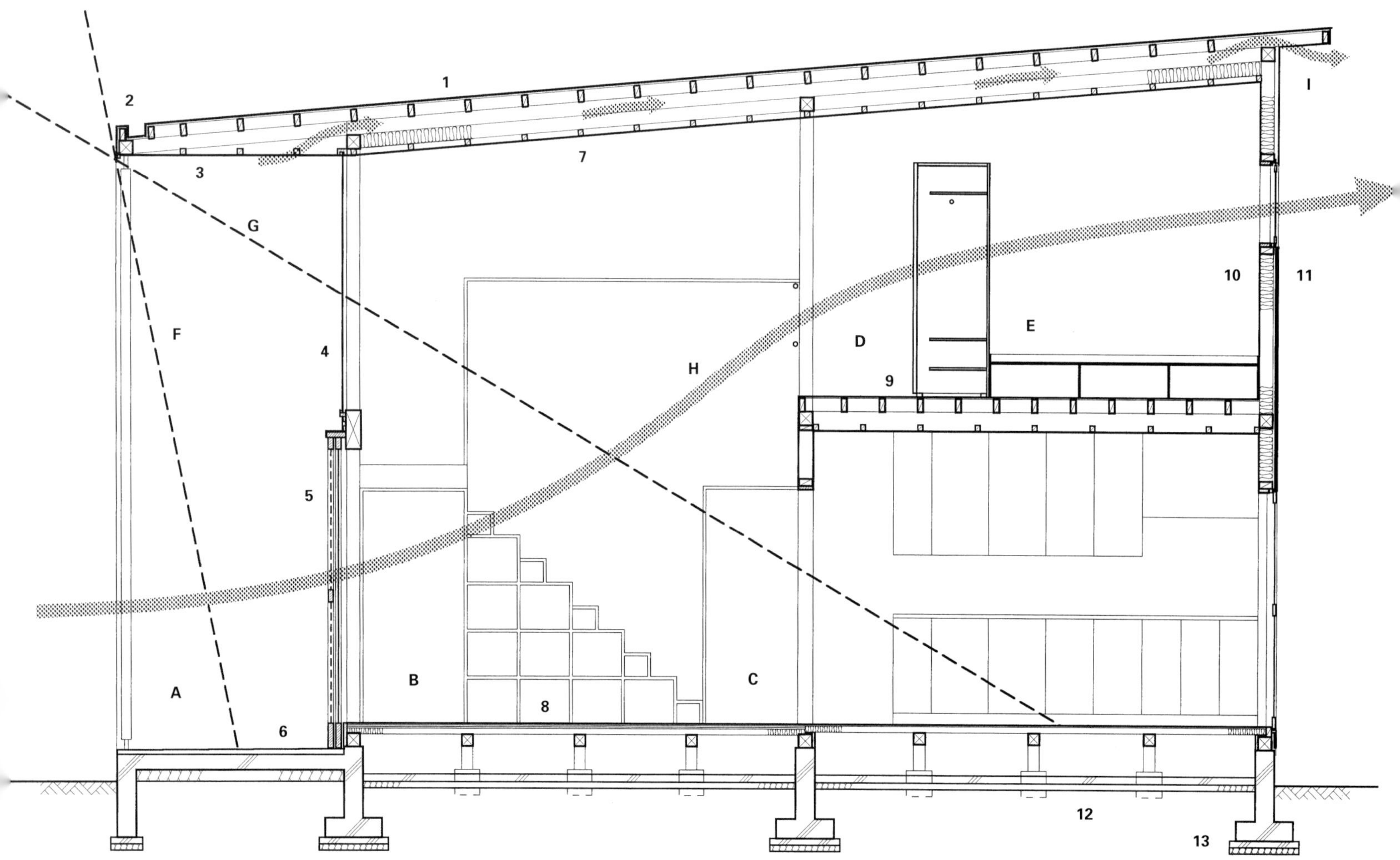

Detail Außenwände
Vertikalschnitt M. 1 : 10

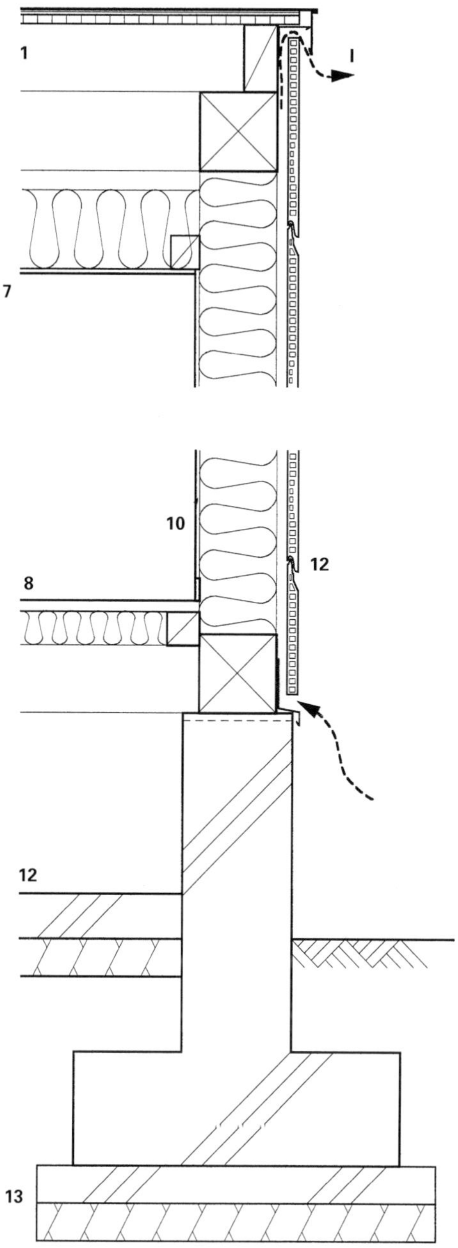

Dachbereich

1. Dachaufbau von außen:
- Stahlblech galvanisiert 0,4 mm
- Polyethylenschaum 4 mm
- Bitumenpappe
- wasserfestes Sperrholz 12 mm
- Lattung 45 x 90 mm
- Sparren 105 x 210 mm

2. Regenrinne, fix eingebaut:
- Stahlblech galvanisiert 0,4 mm
- wasserfestes Sperrholz 12 mm

Terrassenbereich

3. Decke außen: gelochte Sperrholzplatten 6 mm, mit Xyladecor eingelassen

4. Festverglasung: Glasscheiben 6 mm dick

5. Schiebetüren: Holzrahmen, Glasscheiben 6 mm

6. Bodenaufbau: Zementestrich 30 mm, Betondecke 15 cm

Querschnitt M. 1 : 50

A Terrasse,
B Wohnhalle,
C Küche,
D Galerie,
E Kinderschlafalkoven
F Sonnenstand zur Sommersonnenwende,
G Sonnenstand zur Wintersonnenwende,
H Raumquerlüftung in Nordsüdrichtung,
I Dachhinterlüftung

Innenbereich

7. Deckenverkleidung:
- wasserfeste Sperrholzplatten 3 mm
- Glasswolle 10 cm 16 Kg/m^2
- Lattung
- winddichte Folie 0,2 mm
- Sperrholzverkleidung 6 mm, farblos lackiert

8. Bodenaufbau:
- Holzbohlen 15 mm
- Bodenheizpaneele 12 mm
- Sperrholzplatten 12 mm
- Lattung 45 x 45 mm
- Glaswolle 42 mm, 32 Kg/m^2
- Balken 90 x 90 mm
- Einzelnebenfundamente

9. Zwischendecke:
- Sperrholzplatten 12 mm, farblos lackiert
- Querträger 105 x 1 05 mm
- Hauptbalken 120 x 240 mm

10. Wandaufbau:
- Dampfsperre
- Sperrholzplatte 6 mm, farblos lackiert

Außenbereich

11. Wandaufbau:
- Zementfaserplatten 15 mm Befestigungsschienen 15 mm mit Hinterlüftungsraum
- wasserdichte Folie
- Glaswolle 100 mm 16 Kg/m^2
- Holzständer 105 x 105 mm
- Abdeckblech Betonfundament: Stahl 0,4 mm galvanisiert

12. Bodenunterkonstruktion:
- Betonplatte 60 mm
- Feuchtigkeitssperrfolie
- Kiesschicht 50 mm

13. Unterbau Haupteinzelfundamente:
- Betonplatte 50 mm
- Kiesschicht 50 mm

Deutschland
Einfach Holz

Objekt:	Einfamilienwohnhaus
Standort:	Dipperz/Röhn bei Fulda
Architekten:	Susanne Wartzek, Jörg Sturm, Dipperz
Bauzeit:	ca. zwölf Monate
Wohnfläche:	ca. 175 m^2 mit Gästehaus
Baukosten:	ca. 1 610,- DM/m^2 Nutzfläche zzgl. 15 % MwSt.
kostengünstig:	günstige Kostenangebote durch regional bedingte Preisvorteile im Zimmererhandwerk Eigenleistung

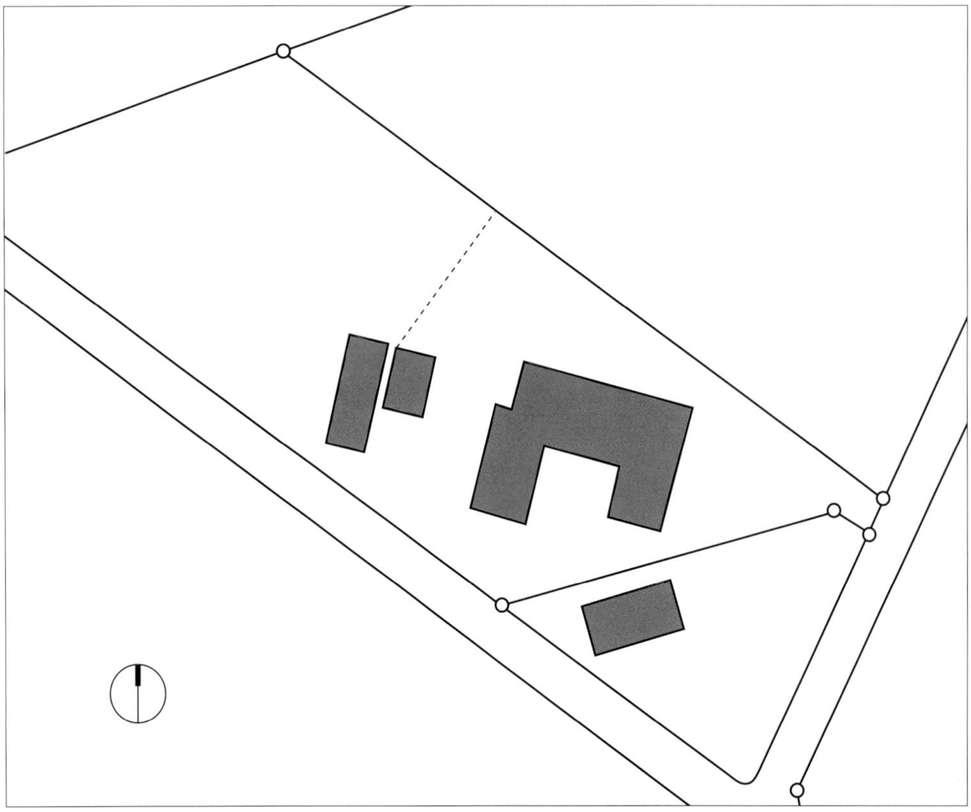

Die drei Häuser bilden eine lockere Gruppe um den neu gebildeten Eingangshof. Der Neubau (ganz im Westen) markiert den linken Rand. Der Hof richtet sich zur Straße und faßt die Wohnungseingänge zusammen. Gleichzeitig wurde darauf geachtet, daß jedes Haus eine separate Zugangsmöglichkeit behält.
Lageplan M. 1 : 1000

Dipperz in der Nähe von Fulda ist eine kleine, landwirtschaftlich geprägte Gemeinde in der Rhön. Das hier vorgestellte Einfamilienhaus der Architekten Sturm und Wartzek liegt direkt am Ortsrand und bildet den Übergang zu den umliegenden Feldern. Die Architekten griffen daher den Gedanken auf, das Gebäude so zu setzen, daß es den Kontakt zu den landwirtschaftlich genutzten Gebäuden nicht verliert. Die Einbindung in die Struktur der Umgebung sollte jedoch nicht verhindern, daß das Haus eine eigenständige und zeitgemäße Architektur entwickeln kann.

Bautypologische Bezüge zur Umgebung, aber auch der Wunsch der Bauherrin, wenn möglich, natürliche und regenerative Baustoffe zu verwenden, führte zu der Entscheidung, ein Holzhaus zu bauen. Eine weitere Anforderung an den Neubau war, daß ein bereits auf dem Grundstück vorhandenes Gästehaus mit dem Neubau in Verbindung zu bringen war. Neben dem Gästehaus steht auf dem Grundstück noch ein Bungalow aus den siebziger Jahren, mit angegliedertem Atelier und Einliegerwohnung. Diese Häusergruppe ordnet sich um einen tiefer gelegenen Hof, der damit den Mittelpunkt der Anlage bildet. Der Neubau sollte sich räumlich in diese Gruppe integrieren, doch im Erscheinungsbild wollten die Planer ihn bewußt von der Vielfalt dieses Hofraumes absetzen. So entstand ein einfacher Baukörper aus Holz, der eigenständig neben dem Gästehaus steht und über einen verglasten Zwischengang mit diesem verbunden ist.

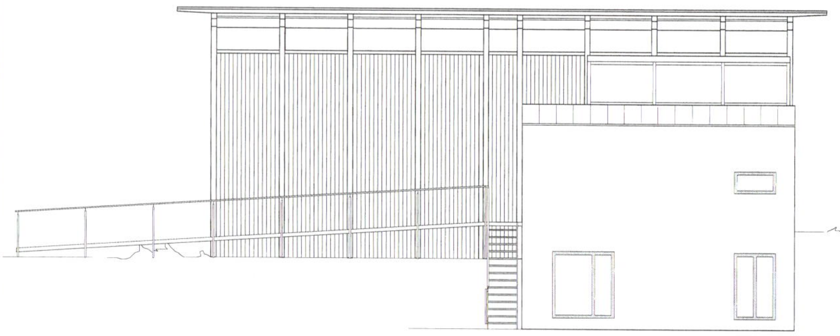

Ansicht Ost M. 1 : 200

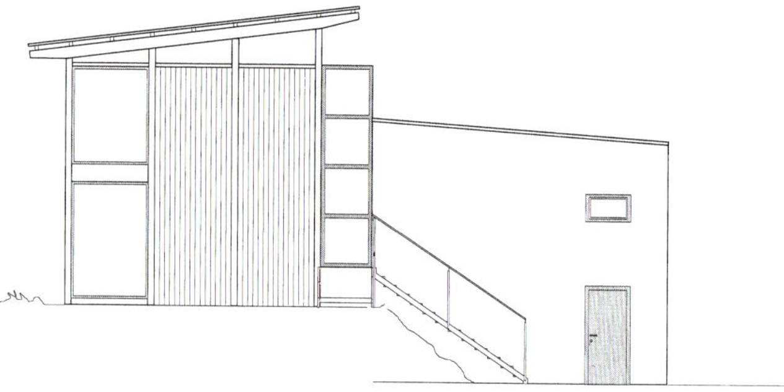

Ansicht Süd M. 1 : 200

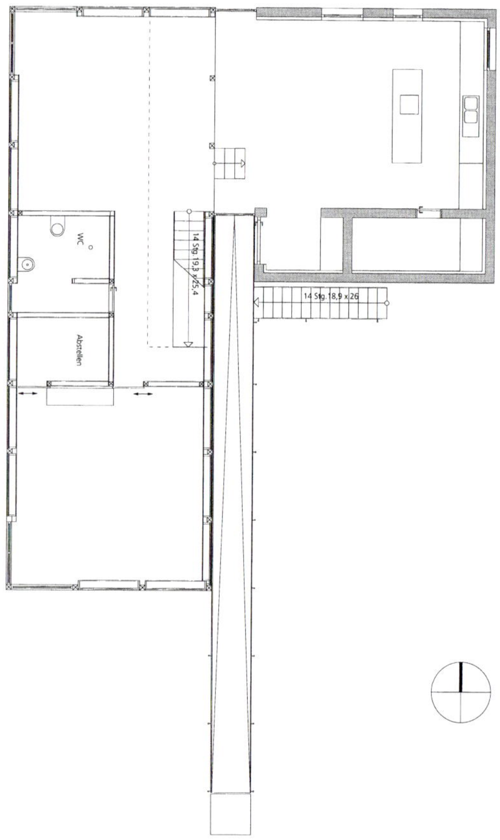

Grundriß Erdgeschoß M. 1 : 200

Alle Erschließungselemente innen und außen sind in einer einheitlichen Stahlkonstruktion gefertigt. Die Trittflächen und Stufen sind aus Holz. Durch diesen kleinen Kunstgriff rücken die Treppen, die Rampe und die Galerie im Haus als Einheit in Beziehung.
Die Treppe aus dem Eingangshof leitet den Besucher zum neuen Wohnhaus. Die Gästezimmer, die sich direkt auf den Hof orientieren, liegen unter dem Koch-Eßbereich des Neubaus. Die Rampe bildet einen direkten Zugang von der Straße.

Holz ist der bestimmende Baustoff im ganzen Gebäude. Die Rahmenkonstruktion ermöglicht, Einschnitte in der Konstruktion zu setzen und einen großzügigen Raumzusammenhang herzustellen.

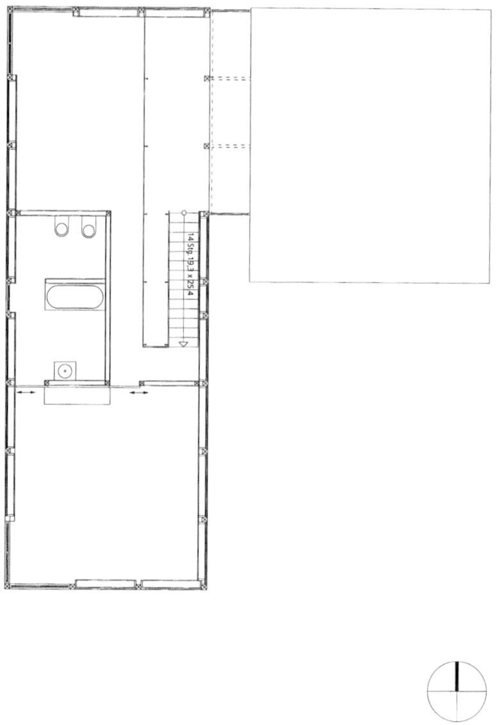

Grundriß Obergeschoß M. 1 : 200

Den Zugang zum Haus erreicht man von der Straße über eine Rampe aus Holz und Stahl. Eine Treppe bildet die Verbindung zum zentralen Hof. Das kleine, nur ca. 40 m² große Gästehaus ist im Zuge der Planung komplett umgebaut worden. Es bekam ein neues Dach sowie neue Tür- und Fensteröffnungen. Das Außenmauerwerk erhielt eine neue Putzschicht und eine zusätzliche innenseitige Dämmung. Im Untergeschoß des Bestandes sind zwei Gästeappartements untergebracht, die sich zum Hof hin orientieren. Im oberen Geschoß liegt jetzt genau im verglasten Zwischenbereich der Eingangsbereich des neuen Hauses, daran schließt sich die Küche mit Eßplatz und einem kleinen Hauswirtschaftsraum an. Die Wand, die sich zum Neubau anschließt, wurde zugunsten eines fließenden Raumzusammenhanges mit dem Neubau entfernt. Die Differenzierung der beiden Bereiche ergibt sich durch die etwa 80 cm höhere Lage des Holzhauses. Vier Stufen im Glaszwischenbau überwinden diese Differenz. Im Neubau sind in den beiden Geschossen vier gleichgroße Räume im Grundriß symmetrisch angeordnet. Der obere Teil öffnet sich dabei mit einem fast das halbe Zimmer einnehmenden Luftraum zum Wohn- und Eßbereich. Zusammen mit dem verglasten Zwischenbau ergibt sich eine lichtdurchflutete und großzügige Wohnhalle. Um das gesamte Haus auch als einen einzigen Raum erleben zu können, sind die beiden abgeschlossenen Zimmer nur mit Schiebetüren geschlossen. Sie verschwinden im geöffneten Zustand völlig hinter den Einbauschränken und lassen den Blick durch die gesamte Hauslänge frei. Licht erhalten die Räume des Holzhauses im wesentlichen durch die raumhohen Übereckverglasungen an der Westseite des Hauses. Das obere Geschoß hat darüber hinaus noch ein dreiseitig umlaufendes Oberlichtband, das sich aus der Dreiecksfläche des sich abhebenden Pultdaches ergibt.

Von außen wirkt das Gebäude durch seine strenge geometrische Form. Die Assoziation zu den umliegenden Scheunen ist beabsichtigt und führt in den Räumen zu hellen und lichtdurchfluteten Situationen. Die Holzrahmenkonstruktion des Neubaus ist in allen Räumen sichtbar belassen. Die weißen Decken und Wandflächen sind durch Schattenfugen abgesetzt und erzeugen durch diesen Gegensatz von Fläche zu Linie eine ruhige, geometrische Ordnung in den Räumen.
Auch in den beiden Bädern ist das Gestalten mit Holzwerkstoffen weitergeführt: Die Wandflächen sind mit wasserfesten Fassadensperrholzplatten verkleidet und mit einer weißen Lasur gestrichen. Die Räume erhalten so einen warmen und angenehmen Charakter. Diese Oberflächenbehandlung erwies sich auch als kostengünstige Alternative im Vergleich zu einer Bekleidung mit Fliesen.
Die Ständer-Rahmen-Konstruktion mit Ständern aus Leimholz weisen einen sehr weiten Gefachzwischenraum von 180 cm auf. Die 22 cm tiefen Gefache sind außen mit einer Sperrholzplatte und innen mit einer OSB-Platte belegt. Der Gefachhohlraum wurde anschließend mit Zellulosedämmung ausgeblasen und auf der Innenseite mit Gipskartonfaserplatten bekleidet und malerfertig verspachtelt. Im Fußboden des nicht unterkellerten Hauses ist eine hochwertige Korkdämmung eingebracht, auf der unter dem Gipsestrich eine Fußbodenheizung verlegt ist. Der nur mit einem Anstrich versehene Gipsestrich erhielt zunächst aus Kostengründen keinen weiteren Bodenbelag.

Die Nahtstelle vom neuen zum alten Haus ist der Drehpunkt des einfach konzipierten Grundrisses. Die Rahmenbinder, die an dieser Stelle frei im Raum stehen, bilden Zäsur und Bindeglied zugleich. Durch die zurückhaltende Materialwahl im Ausbau, die mit einfachem Gipskartonplatten auskommt, konnten Baukosten gespart werden.

Die Ständerkonstruktion ist im Bereich der Galerie, an den Decken und bei den Fenstern sichtbar. Gerade am Oberlicht wurde besonders auf diesen Effekt geachtet, um diesen Bereich besonders transparent zu machen. Hier sind die Glasscheiben direkt in die tragende Konstruktion eingesetzt. Die Hölzer des Ständerwerkes wurden gefalzt, das Glas eingesetzt und die Glasleisten ins Rahmenwerk ergänzt. Auf der Außenseite ist zwischen die sichtbaren Rahmenständer auf eine waagerechte Lattung eine sauber genagelte Fichtenverbretterung aufgebracht. Sie setzt sich mit einer knappen Schattenfuge zum Ständerwerk ab. Bei der gesamten Konstruktion ist auf einfache und klare Anschlüsse geachtet worden, um so einen wirksamen konstruktiven Holzschutz zu erreichen. Chemischer Holzschutz kam daher im ganzen Bauwerk nicht in Frage.

Deckenaufbau mit Firstpunkt
M. 1 : 20

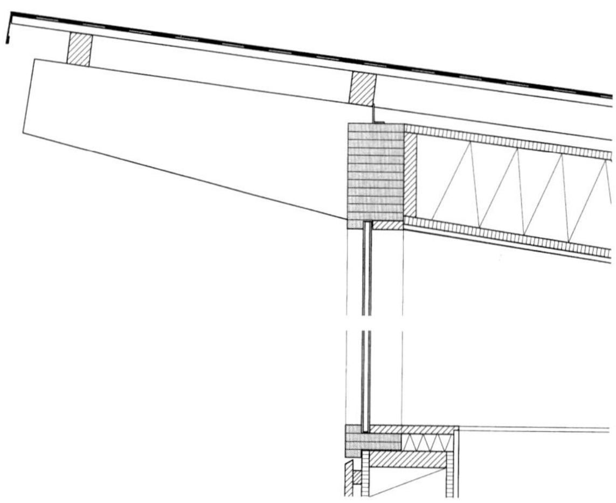

Fermacellplatte 12,5 mm
OSB-Platte 18 mm
Zellulosedämmung 250 mm
bituminierte Weichfaserplatte
Pfettensparren 80 x 60 mm
Sperrholz 22 mm
Dachpappe
Titanzink

Wandaufbau
M. 1 : 20

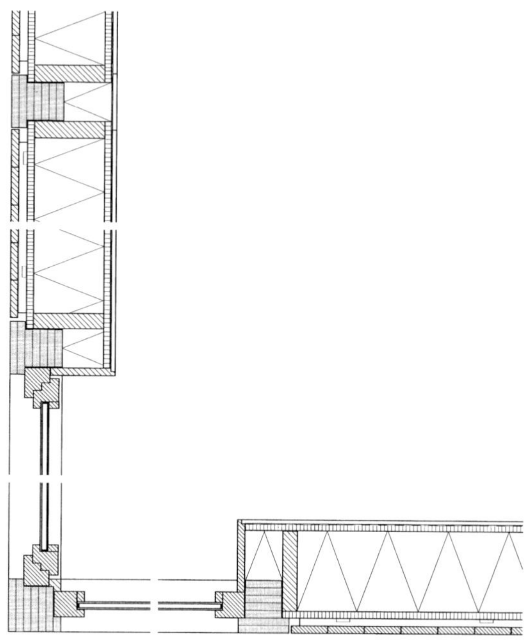

Fermacellplatte 12,5 mm
Dampfbremse
OSB-Platte l8 mm
Zellulosedämmung 200 mm
Sperrholz 18 mm
Lattung 24 x 36 mm
Konterlattung 20 mm
Fichtenverbretterung 20 mm

Eckverglasung
M. 1 : 20

Stützen gefalzt
Leimbinder 140 x 140 mm
Fensterleibungen Fichtenholz
Holzfenster farbig
Isolierverglasung, k-wert 1,3

Konstruktionsdetail und Bauausführung im Vergleich zeigen die Umsetzung der Gestaltungskonzeption in eine bauliche Struktur. Hier zeigt sich, wie beide Belange zu einer verträglichen Einheit kombiniert werden.

Das Pultdach, das auf Bindern und Sparrenpfetten aufliegt, ist mit 28 cm Zellulosedämmung versehen. Auch hier befindet sie sich in einem Gefach zwischen den Bindern, das innen mit einer OSB-Platte und außen mit einer bituminierten Weichfasermatte geschlossen ist. Eine mit Titanzinkblech gedeckte Sperrholzplatte, die auf den Sparrenpfetten ruht, bildet die oberste Dachhaut. Das Dach erscheint daher sehr dünn und fast schwebend. Eine eigens angefertigte Dachrinne läßt auch die Traufseite des Pultdaches schmal und filigran wirken.

Der günstige Preis des Hauses erklärt sich bei diesem Projekt wohl am ehesten aus der regional richtig gewählten Bauweise. In der Rhön gibt es eine ganze Reihe guter, handwerklich arbeitender Holzbaubetriebe, die es ermöglichen, ein gutes Angebot für einen Holzbau zu erhalten. Die Architekten konnten gerade im Bereich des Fassadenbaus sehr günstige Preise erzielen, was sich deutlich bei den Gesamtbaukosten bemerkbar machte. Die Wahl des vergleichsweise teureren Dämmstoffes Zellulosewolle amortisierte sich im niedrigeren Lohnkostenanteil, da das Material in kürzerer Zeit eingebracht wird als eine vergleichbare Mineralwolldämmung. Weitere Kosteneinsparungen waren durch zusätzliche Eigenleistung im Bereich des Fußbodeneinbaus auf der betonierten Bodenplatte erzielt worden.

Die Außenhaut aus heimischem Fichtenholz ist wie die Konstruktion naturbelassen und ohne schützende Anstriche geblieben. Das Gebäude verwittert dadurch langsam und erhält, je nach Bewitterung, unterschiedlich schnell eine silbrige Patina, die das Holz vor Pilz- und Schädlingsbefall schützt. So stellt sich das Haus in die ländliche Tradition des Bauens mit Holz und zeigt aber auch in vielen Details einen neuen Umgang mit dem bewährten Baustoff.

Österreich
Rückgrat aus Beton

Objekt: Ferien- und Sommerhaus
Standort: Königstetten amTullner Feld
Architekten: Norbert Erlach, Wien Martin Kunath, Wien
Bauzeit: acht Monate
Wohnfläche: ca. 90 m²
Baukosten: ca. 2 000,- DM/m² Nutzfläche zzgl. 20 % MwSt.
kostengünstig: einfaches statisches System, günstige Ausschreibungsergebnisse im Zimmerergewerk durch regionale Vorteile

Ein Sommerhaus für zwei Personen. So lautete, knapp formuliert, die Aufgabe für die Architekten Norbert Erlach und Martin Kunath aus Wien. Das Haus, das in einem Kleingartengebiet in Königstetten am Rand des Tullner Feldes steht, mußte auf einem extrem schmalen Grundstück Platz finden. Die Steilheit des Grundstückes und die konisch verlaufenden Flurgrenzen kamen als zusätzliche Erschwernisse des Entwurfes hinzu. Der Wind, der in dieser Lage aus dem Tullner Feld aus der Nordwestseite ansteht, und die Neigung des Hanges führten dazu, daß die Südwest- und Südostseite als Hauptorientierungsseiten der Aufenthaltsräume entstanden.

Die Forderung der Bauherren, im wesentlichen mit natürlichen und ökologisch unbedenklichen Materialien zu bauen, ließ die Entscheidung auf die gewählte Holzkonstruktion fallen. Zur Innendämmung kamen Kokosmatten zur Anwendung und die Oberflächen sind verputzt, bzw. mit Fermacellplatten bekleidet.

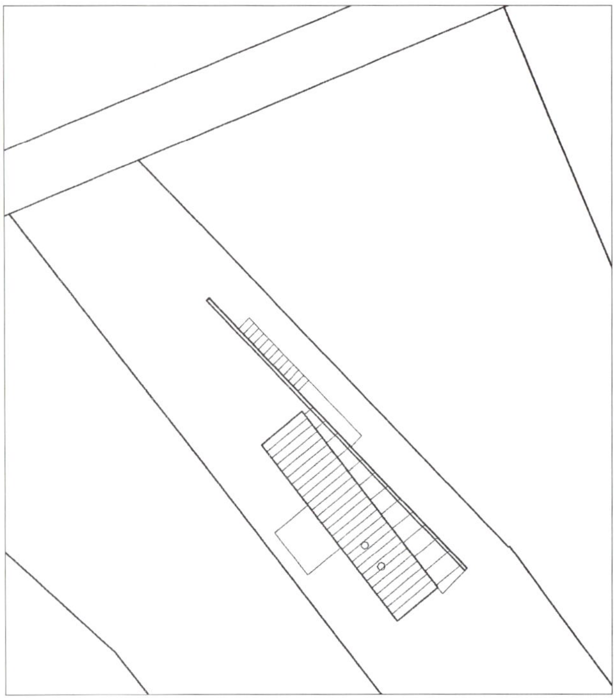

Die beengte Situation des schmalen aber langen Baugrundstückes sieht man im Lageplan. Die Betonscheibe im Nordosten des Hauses zieht sich gut erkennbar wie ein Rückgrat den gesamten Baukörper entlang. Auf der Süd- und Südwestseite ergeben sich durch die Hanglage Terrassen im Ober- und Untergeschoß.
Lageplan M. 1 : 500

Ein Kuriosum ergab sich aus dem Baurecht des dortigen Siedlungsgebietes. Ursprünglich als Kleingartengebiet definiert, hätten auf dieser Fläche nur Häuschen mit einer bebauten Grundfläche von 30 m^2 entstehen dürfen, die nicht winterfest ausgebaut werden durften. Doch die örtliche Realität wies bereits einen gänzlich anderen Baustatus vor, der sich in wesentlich höherer Nutzung äußerte. Somit erhielten alle Siedler das Recht, eine Fläche von 70 m^2 zu bebauen. Die Häuser durften auch winterfest ausgebaut werden, jedoch mit der Auflage, im Winter nicht genutzt zu werden. Für diese Zeit gab es keine Benutzungsbewilligung.

Der steil abfallende Hang, der sich nach Südosten neigt, war letztendlich der Drehpunkt des Entwurfes. Die zunehmende Steilheit des Geländes hangabwärts mußte mit dem immer schmaler werdenden Grundstück hangaufwärts in Einklang gebracht werden. Eine an der nördlichen Baulinie des Grundstücks liegende Stützwand aus Stahlbeton schneidet sich hangaufwärts immer mehr in den Hang hinein und bildet so das Rückgrat des Hauses. An der südlichen Baugrenze liegt ein schmaler, zweigeschossiger Baukörper, der die Aufenthaltsbereiche des Einraumhauses aufnimmt. Die leichte Verdrehung von Stützwand und Baukörper öffnen den hallenartigen Raum, der sich zwischen den Bauteilen ergibt.

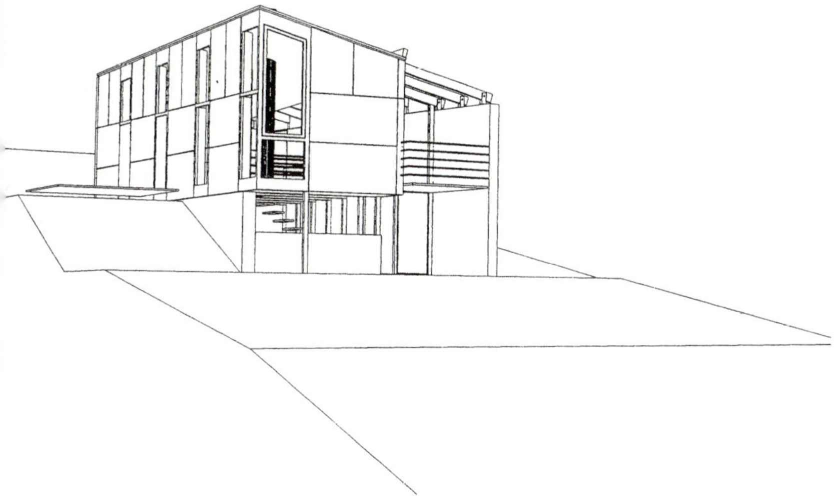

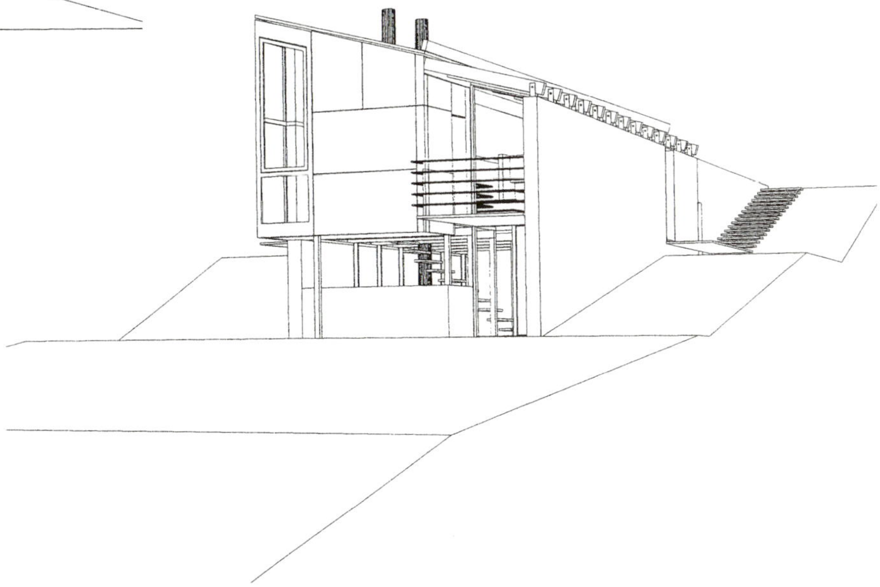

Computergenerierte Perspektiven vereinfachten die genaue Einpassung des Gebäudes in den Hang, um die Beziehungen und Lagen der Terrassen und Zugangssituationen zu klären.

Die Kunst des Fügens zeigt sich in der Verbindung des Holzbaus mit der Betonscheibe. Wie die Wirbel eines Rückgrates stehen die einzelnen Dachsparren der Holzkonstruktion über die Betonscheibe heraus und verbinden Holzhaus und Scheibe durch die leichte Glaskonstruktion.

Räumliche Vielfalt entsteht durch den zweigeschossigen Verbindungsraum. Die behördliche Beschränkung, nicht mehr als 70 m^2 Grundfläche bebauen zu dürfen, führte zu dem schmalen, über zwei Ebenen gestapelten Grundriß des Kleinhauses. Der schmale, hohe Luftraum, der sich über der Erschließungszone des unteren Geschosses öffnet, gibt dem kleinen Haus eine großzügige Verbindung zwischen den Ebenen und öffnet den Blick in das Tal. Das Pultdach des zweigeschossigen Hauptbaus öffnet sich nach Süden, zu Sonne und Landschaft hin und gibt dem oberen, ganz in Holz errichteten Wohngeschoß zusätzliche Höhe. Diese luftige obere Ebene nimmt die Funktionen Essen, Kochen und Wohnen auf, während die untere Ebene den Schlafbereich, die Garderobe und den Keller beherbergt. Das untere Geschoß schiebt sich hangseitig in den Berg und ist als gemauerter Sockel entstanden. Der luftige Verbindungsraum, der im Untergeschoß die Erschließung dieser Ebene aufnimmt, erhält viel Licht durch die Schrägverglasung im Dach und belichtet so auch die unter Niveau liegenden Räume.

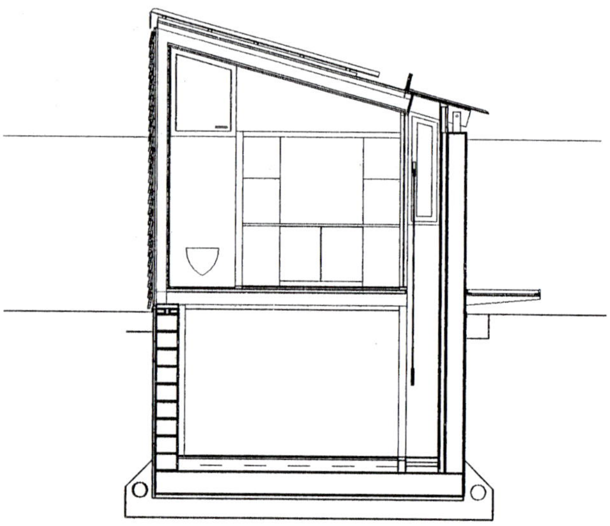

Querschnitt M. 1 : 100

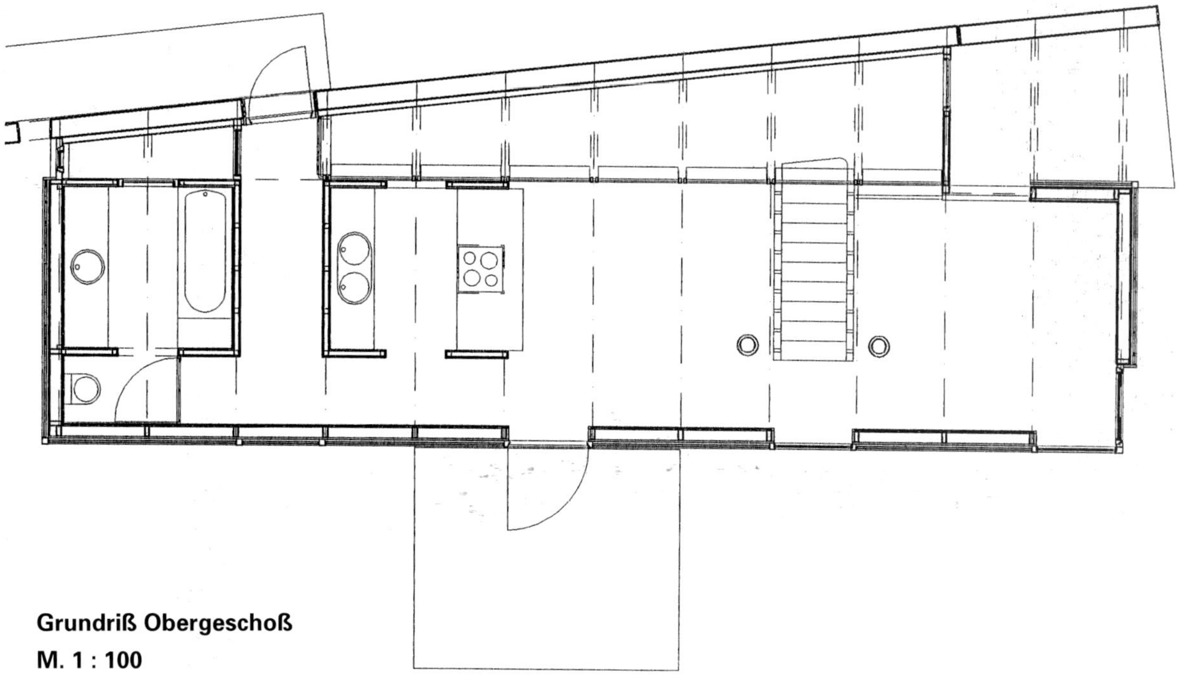

Grundriß Obergeschoß
M. 1 : 100

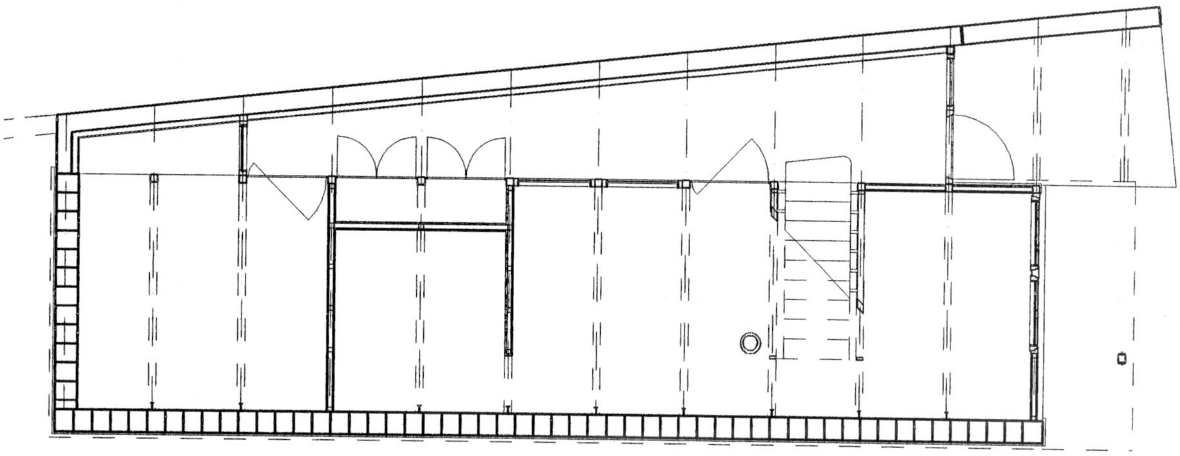

Grundriß Erdgeschoß M. 1 : 100

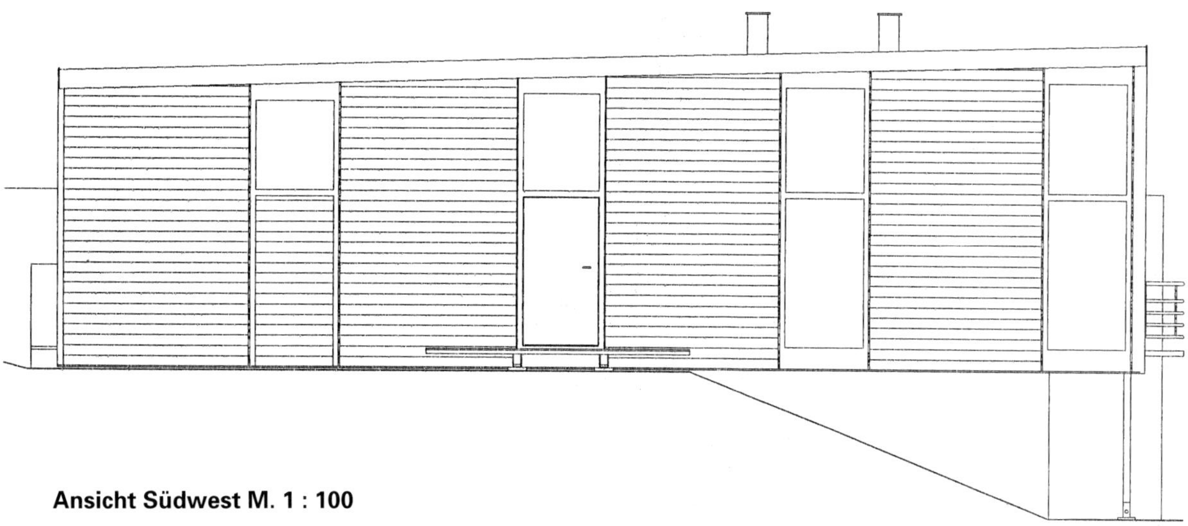

Ansicht Südwest M. 1 : 100

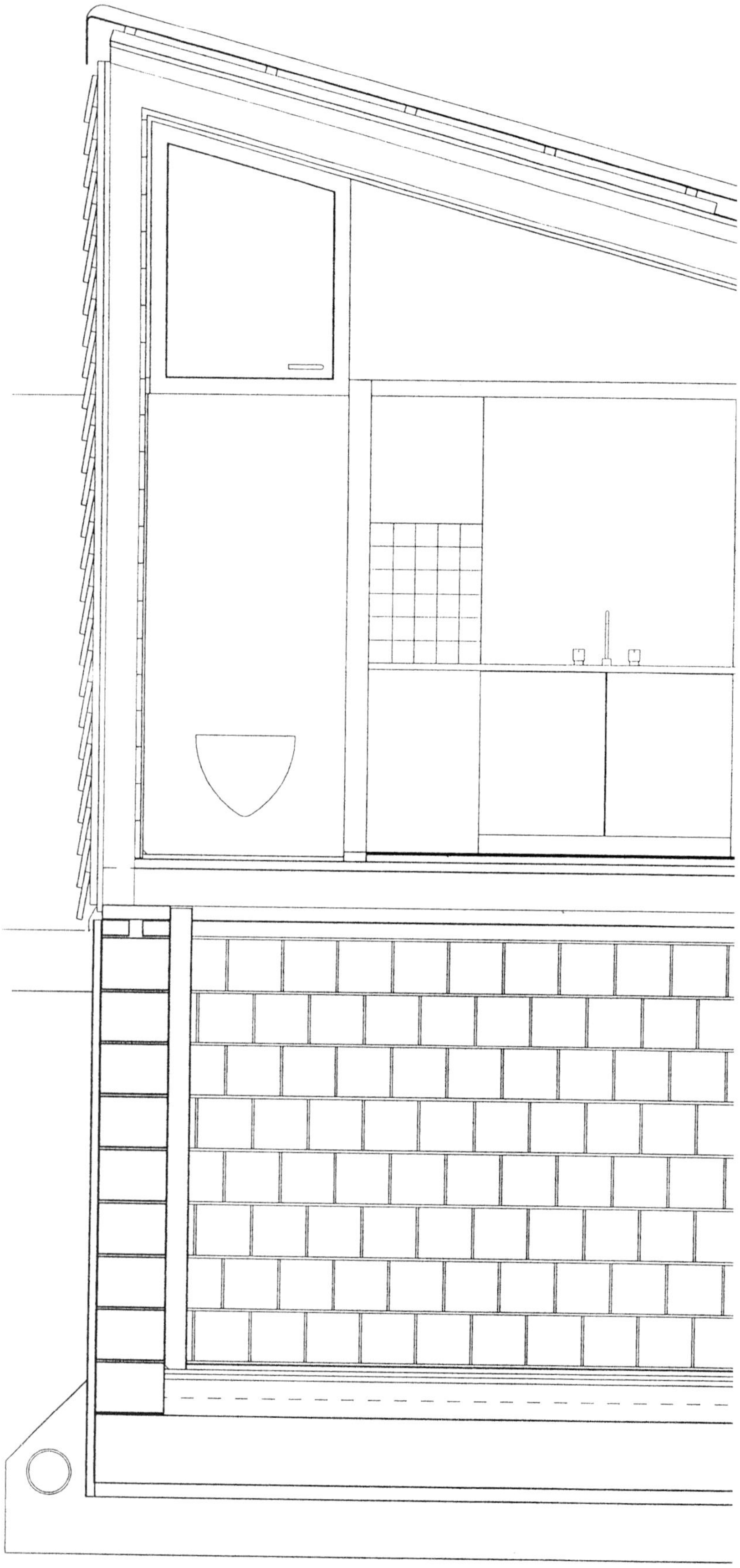

Fassadenschnitt
durch die Südwestfassade
M. ca. 1 : 30

Stahlbeton OG

250 mm Stahlbeton unbehandelt
100 mm WD Heraklith Tektalan; E21 (innenliegende Dampfsperre)
15 mm Kalkputz

Stahlbeton UG

10 mm Weichfasermatte bitumengetränkt
5 mm Flämmpappe 2lagig
250 mm Stahlbeton unbehandelt
100 mm WD Heraklith Tektalan E21 (innenliegende Dampfsperre)
15 mm Kalkputz

Ziegelmauer UG

45 mm Welleternit stehend
5 mm Flämmpappe 2lagig
300 mm Hochlochziegel
20 mm Kalkzementputz

Holzwand OG

24 mm Stülpschalung Lärche unbehandelt
50 mm Konterlattung (Hinterlüftung) Naturharzölpapier
24 mm Schalung sägerauh
140 mm Holzsteher, im Hohlraum
100 mm Lagen Kokosmatten a 50 mm Naturharzölpapier
24 mm Sparschalung sägerauh
12 mm Fermacell (Naturgips)

Mit natürlichen Baumaterialien ist das Haus gebaut. Die massiven Bauteile bestehen aus unbehandeltem Stahlbeton bzw. Mauerwerk aus 30 cm starken Hochlochziegeln. In vom Erdreich überdeckten Bereichen sind die Wände durch Bitumenpappen vor drückender Feuchtigkeit geschützt. Die Wärmedämmung ist hier auf der Innenseite angebracht und mit Kalkputz versiegelt. Der relativ niedrige Dämmstandard erklärt sich aus der besonderen Situation hinsichtlich der Nutzung im Kleingartengebiet.

Kostengünstig war das Haus trotz handwerklicher Herstellung. Bei einem so kleinen Bauvolumen würde sich die Herstellung von Fertigteilen auch noch nicht rentieren. Im konkreten Fall konnten Preisvorteile erzielt werden, da der Architekt wußte, welche Firmen aus der Region er ansprechen konnte, um günstige Preise zu erzielen. Die auch im Detail her präzisen Planangaben ermöglichte den Handwerkern, reell und günstig zu kalkulieren. Der relativ niedrige Dämmstandard und die reduzierte Heizungstechnik sind weitere Indikatoren für den günstigen Baupreis.

Der hölzerne Aufbau des Obergeschosses liegt auf der massiven Stahlbetonwand an der Nordwestgrenze des Grundstückes auf. Diese Stützwand, die auch aussteifende Funktion hat, dient als Schutzwand gegen den Wind aus Nordwest. Die gemauerten und betonierten Elemente sind nur soweit geführt, wie sie für die Konstruktion des Hauses sinnvoll sind. Das heißt, alle Bereiche, die das Haus vom Hang und dem Untergrund trennen, sind massiv gebaut. Überall da, wo das Gebäude sich vom Boden lösen kann, beginnt die Holzkonstruktion. Nur die Stahlbetonscheibe an der Nordostseite des Grundstückes setzt sich bis zur Traufe fort.
Die Decke über dem Untergeschoß ist bereits als Holzbalkendecke ausgeführt. Darüber entwickelt sich eine Holzriegelkonstruktion, die mit 10 cm Kokosfasermatten gedämmt ist. Die Innenseiten sind mit zwei Lagen Fermacell beplankt und in hellem Farbton belassen. Außen ist das Haus mit einer sägerauhen, unbehandelten Stülpschalung verkleidet. Die senkrecht durchlaufenden Fensterbänder sind in den blinden Bereichen mit gedämmten Sandwichplatten gefüllt und unterstreichen den modularen Charakter, den das Haus auf der Südseite besitzt.

Der Innenausbau und die Ausstattung des Hauses sind auf wenige Elemente reduziert. In den Aufenthaltsbereichen dominieren Gipskartonflächen und Holzelemente bzw. Holzflächen. Die zweigeschossige Betonfläche, die von einem Glasoberlichtband abgeschlossen wird, verklammert die beiden Aufenthaltsebenen miteinander.
Da das Haus im Winter nicht genutzt werden darf, sind auch die Heizungstechnik und der Wärmeschutz nur auf die Übergangszeit ausgerichtet. Ein Holzofen pro Stockwerk übernimmt die Temperierung des Hauses.

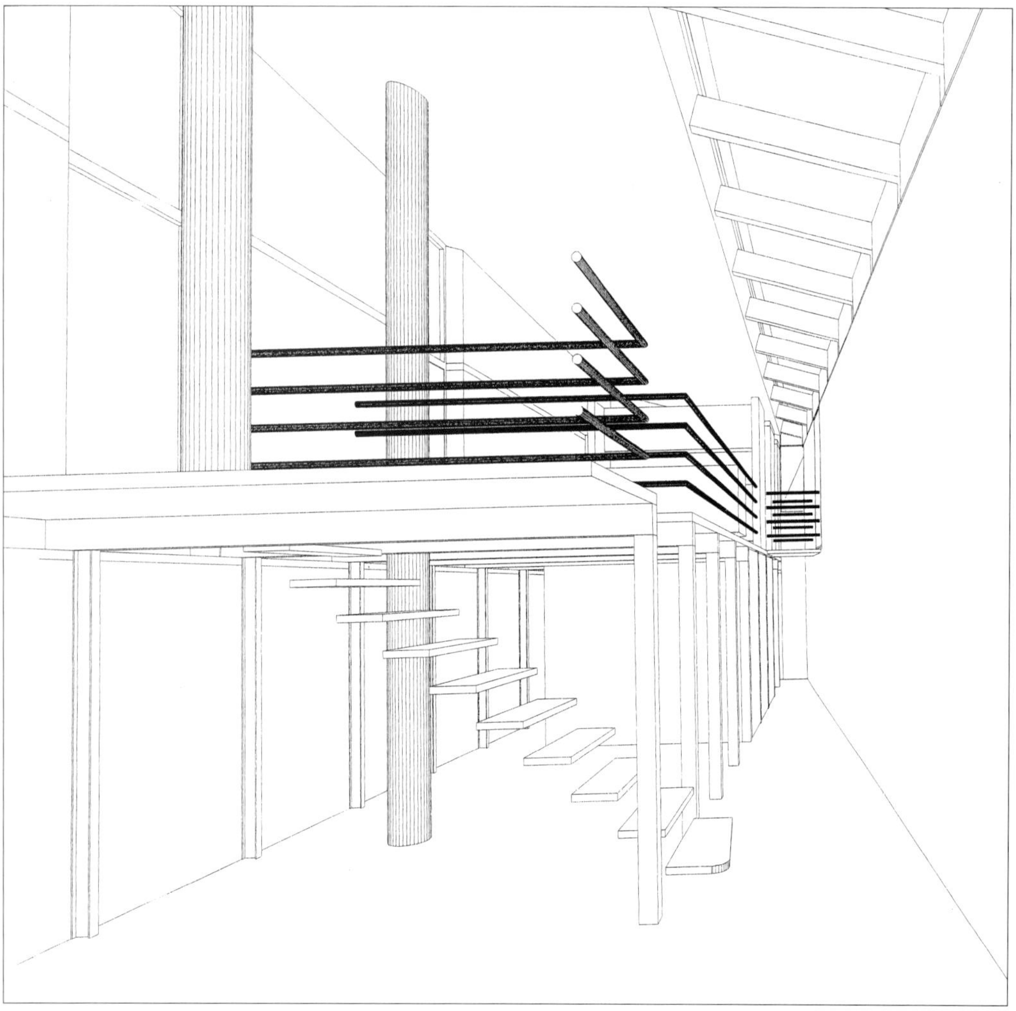

Die Treppe ist das wichtigste Möbel im Haus. Sie zoniert den kleinen Grundriß in beiden Geschossen und formuliert so Eßplatz und Sitzecke bzw. Schlafnische und Arbeitsplatz. Die beiden Stahlkamine flankieren den Treppenaufgang symmetrisch, so daß die beiden Elemente ein räumliches Ensemble bilden.

IN GEMEINSCHAFT

Allgemein lassen sich durch eine Bauverdichtung Baukosten reduzieren - angefangen bei den Grundstückskosten, der Erschließung und dem Aushub bis hin zum Preisnachlaß für größere Materialmengen und den geringeren Transportkosten. Auch die Planung, die Baustellenorganisation und die Realisierung vereinfachen sich durch die Wiederholung eines gleichen Systems. In diese Palette von Vorteilen fügt sich auch die vorgefertigte Holzbauweise ein, eine im Vergleich zum Mauerwerksbau ohnehin schon günstigere Bauweise, die durch ihre Wetterunabhängigkeit, ihre Anpassungsfähigkeit und die einfache Montage der Elemente zunehmend beim Hausbau zum Einsatz kommt.

Österreich
Drei auf einmal

Objekt:	Ferienhäuser
Standort:	Lachtal, Steiermark
Architekt:	Titus Pernthaler, Graz
Projektleitung:	Katja Kainrath
Bauzeit:	ca. zwölf Monate
Nutzfläche:	Haus a = 231 m^2
	Haus b = 119 m^2
	Haus c = 93 m^2
Baukosten:	2 300,- DM/m^2 Nutzfläche mit Auflagen, zzgl. 20 % MwSt.
kostengünstig:	gleiche Konstruktion, gleichzeitige Errichtung

Auf 1 600 Höhenmetern inmitten eines Lärchenwaldes befinden sich zwischen den Bäumen versteckt drei Ferienhäuser unterschiedlicher Größe. Ihr Anwesen im Naturschutzgebiet des Lachtals, einem beliebten Skigebiet der österreichischen Steiermark, wirkt selbstverständlich, obwohl deren Architektur nicht dem verbreiteten alpenländischen Regionalismus entspricht. Der junge Architekt Titus Pernthaler setzte weder auf Kontrast zur natürlichen Umgebung noch auf anbiedernde Nachahmung traditioneller Beispiele. Seine moderne Haltung fügt sich dank des gewählten Baustoffes Holz und der gegliederten und reduzierten Volumen der Häuser in die Landschaft ein. Es entstand ein durchaus vertretbarer »goldener Mittelweg« auf dem sich Architektur, Landschaft und Bauherren gleichberechtigt »trafen«.

Drei Häuser sind bezugsfertig, das vierte und letzte der Reihe ist im Bau. Freunde taten sich zusammen und ließen ihren Bedürfnissen entsprechend ähnliche, aber verschiedene Häuser entwerfen. Diese kombinierte Vorgehensweise ist der wesentliche kosteneinsparende Faktor, da sich in Planung und Realisierung ein System wiederholt und der beauftragte Generalunternehmer bei einem größeren Objekt billiger als bei einem Einzelhaus sein kann.

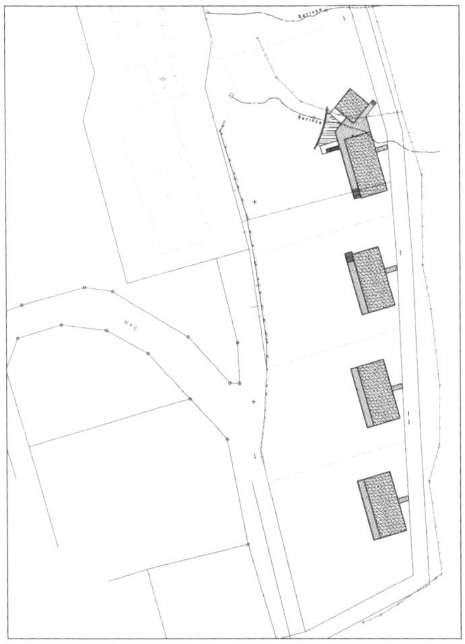

Lageplan M. 1 : 2 000

Großzügige Terrassen und Panoramafenster erhielten die nach Südwesten exponierten Häuser, um von dem imposanten Blick, den die vorteilhafte Hanglage bietet, zu profitieren. Doch damit und auch mit den flach geneigten Pultdächern konnte sich der örtliche Bürgermeister nicht anfreunden. Seiner Besorgnis, die Gebäude wären landschaftlich nicht angepaßt und also nicht zu genehmigen, widersprach die Landesbehörde, indem sie dem Entwurf zustimmte. Als einzige Auflage sollten die Häuser ein begrüntes Dach erhalten, eine Forderung, die sich natürlich in den Kosten niederschlagen sollte.

Drei kostentreibende Faktoren können im wesentlichen benannt werden. Da sie bei diesem Projekt besonders deutlich herauszuarbeiten sind, wurde es von uns ausgewählt, obwohl es über der 2 000,–DM/m^2–Grenze liegt.
Entscheidender Faktor ist die Verwendung von Leimbindern für den Skelettbau, die sich wegen den großen Terrassenauskragungen als nötig erwiesen. Sie kosteten fast das Doppelte im Vergleich zu einfachen Nadelholzbalken: 130 000,-DM Gesamtkosten gegen 60 000,-DM, hätte man das übliche Fichtenholz ausgewählt. Das bedeutet bei 443 m^2 Nutzfläche einen Mehrpreis von 294,-DM/m^2. Auch aufgrund der Kosten werden Leimbinder im Einfamilienhausbau selten verwendet, hingegen kommem sie bei großen Spannweiten zum Einsatz (Hallen u. a.), da sie - durch die kreuzweise verleimten Schichten - eine erheblich höhere Tragfestigkeit und einen besserer Feuerwiderstand aufweisen können. Sie vertragen außerdem abrupte Temperaturschwankungen erheblich besser, was bei den nur zeitweise genutzten Ferienhäuser ein nicht unerheblicher Pluspunkt ist.
Der zweite kostentreibende Faktor ergab sich durch die Lage. Der abgelegene Bauort auf 1 600 m Höhe erforderte lange und teure Anfahrten des Materials, also Zusatzkosten.
Zuletzt müssen die vom Bauamt gefordeten Gründächer genannt werden, die im Verhältnis zu den ursprünglich geplanten Kiesdächern um ca. 20 % teurer sind.
Zieht man von den 2 300,-DM/m^2 die Mehrkosten für die Leimbinder, den Transport und das Gründach ab, liegen die Kosten dieser Ferienhäuser eindeutig unter der 2 000,–DM–Grenze.

Das Doppelhaus am Ende der Reihe ist aufgrund seiner zwei Kellergeschosse, der Öl- und Fußbodenheizung sowie der aufwendigeren Ausstattung teurer als die kleineren Häuser ausgefallen. Es besteht aus einem Längsbau und dem quadratischen 6 x 6 m großen Kopfbau. Über dessen vollständig eingegrabenen Heiz- und Weinkeller befindet sich ein nach Südwesten geöffneter Fitneßraum mit Sauna, der über einen breiten verglasten Gang und eine Terrasse direkt mit dem Haupthaus verbunden ist. Unter dieser ersten Terrasse ist ein Staubecken angelegt, das aus dem unterirdisch geführten Bach entspringt und auch als Tauchbecken nach der Sauna benutzt wird.
Die zwei oberen Stockwerke des Turmhauses bilden eine eigene Wohneinheit, die vermietet wird. Vom Straßenniveau führt ein Steg zum getrennten Eingang. Auf der unteren Ebene befindet sich ein Schlafraum mit Bad, und im oberen Niveau ist der Wohnraum mit offener Kochzeile untergebracht. Im zweistöckigen Haupthaus befinden sich im Obergeschoß der Wohnraum mit Küche und ein Schlafraum mit Bad, zudem eine große Eingangsdiele mit Stauraum und der Treppe zu den Wohn- und Schlafräumen im Untergeschoß.

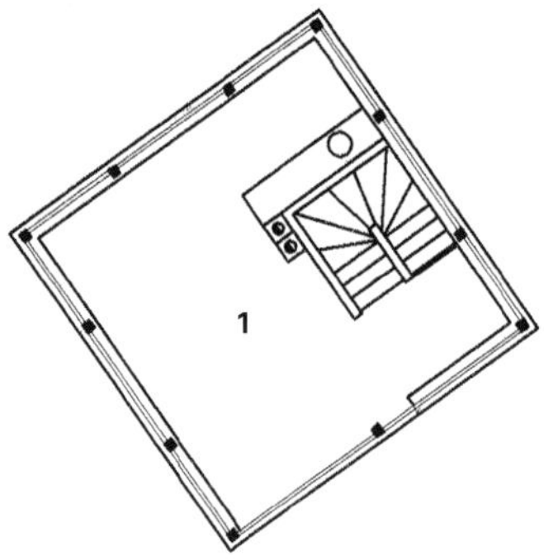

Grundriß Dachgeschoß
M. 1 : 200
1. Wohn-Kochbereich

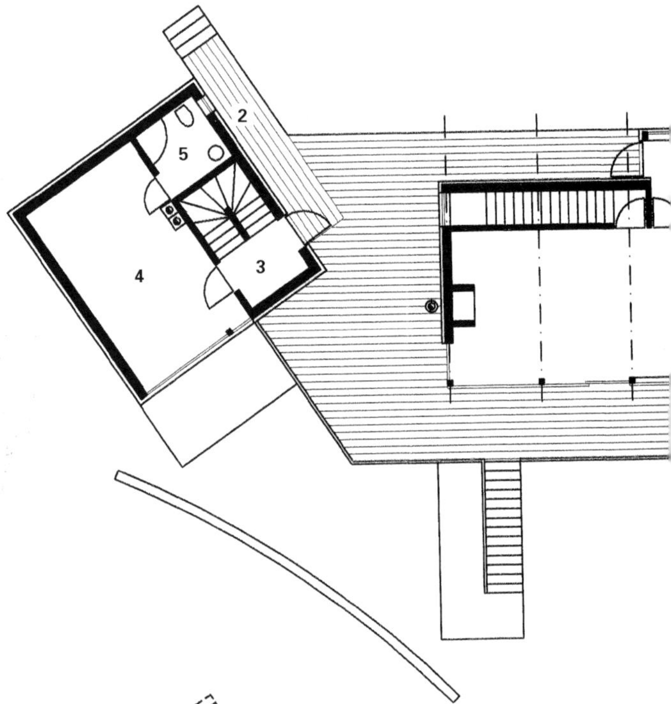

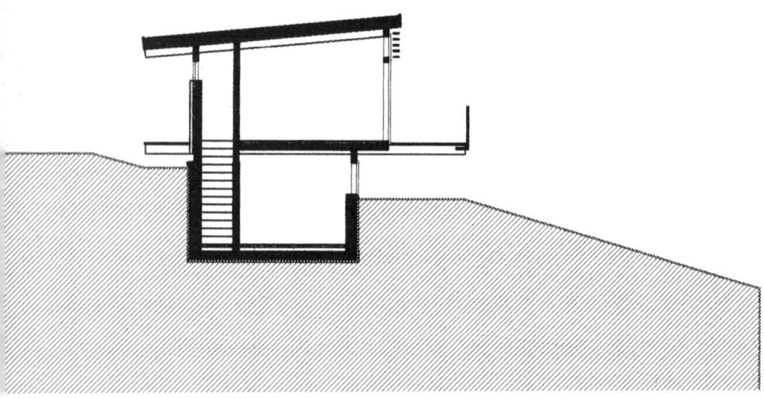

Regelschnitt M. 1 : 200

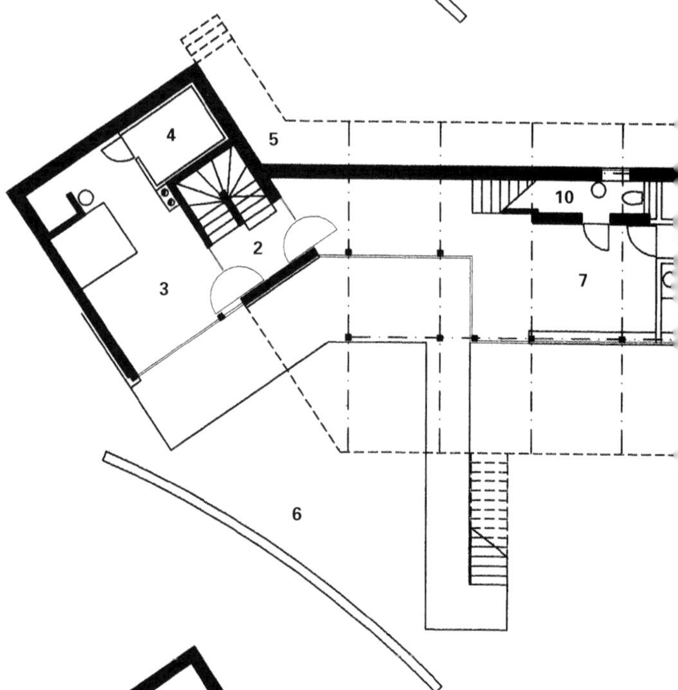

Der Architekt wollte einerseits mit diesen Bauten die Umgebung so wenig wie möglich antasten, andererseits das unvergleichliche Alpenpanorama soweit wie möglich ausnutzen. Es entstanden daher zweigeschossige Häuser, deren Untergeschosse auf der nordöstlichen Hangseite eingegraben und auf der belichteten Südseite um einen Meter zurückversetzt sind. Dadurch scheinen die Obergeschosse mit den großen Terrassen und den durchgehenden Panoramafenstern über dem Erdreich zu schweben.

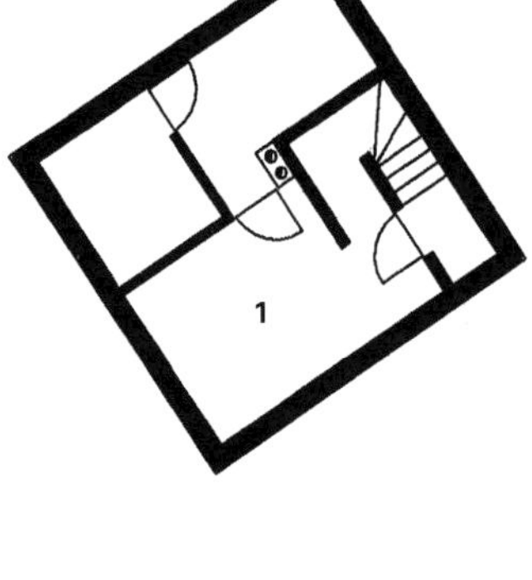

Grundriß Kellergeschoß
1. Heiz- und Weinkeller

Grundriß Obergeschoß

2. Eingangssteg
3. Diele-Treppe
4. Schlafraum
5. Bad
6. Diele
7. Stauraum
8. Wohn-Kochbereich
9. Schlafzimmer

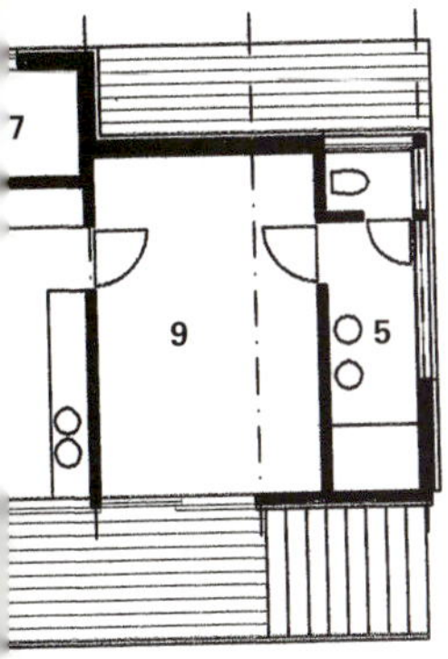

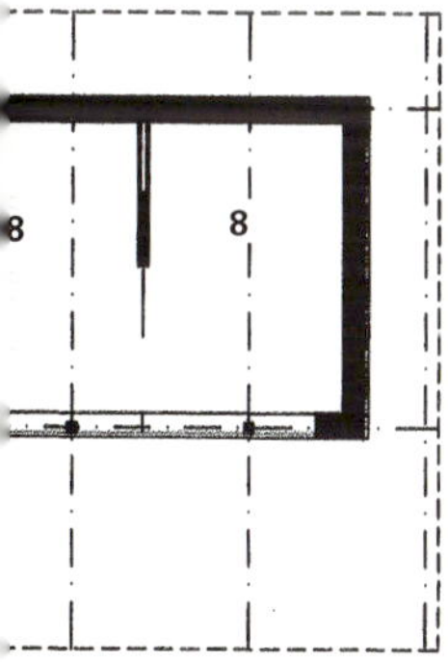

Grundriß Erdgeschoß

2. Diele-Treppe
3. Fitneßraum
4. Sauna
5. Verbindungsgang
6. Staubecken
7. Wohnraum
8. Schlafzimmer
9. Bad
10. WC

Funktionelle Grundrisse vereinfachen das Leben. Die Eingänge befinden sich auf der nordöstlichen Hangseite - ebenerdig zum Straßenniveau. Ein geräumiger Windfang mit angeschlossenem Stauraum erleichtert das An- und Ausziehen der nötigen Skibekleidung sowie deren Unterbringung. Von hier erreicht man auch das Untergeschoß, in dem neben einem echten kalten Kellerabteil ein zweites Wohnzimmer und ein Bad mit getrenntem WC Platz finden. In dem größerem Haus C gibt es zudem ein weiteres Schlafzimmer. Im Obergeschoß sind der 32 m^2 große Wohnraum mit offener Kochzeile, ein großes Bad und ein bzw. zwei Schlafzimmer untergebracht. Die klare und einfache Anordnung der Räume ist auch logische Folge des konstruktiven Systems, denn die Zwischenwände liegen im wesentlichen in den Achslinien der Haupttragstruktur. Durch den Skelettbau konnten Raumabtrennungen auf das Nötige reduziert und die erwünschte großzügige Verglasung in Südwestrichtung problemlos realisiert werden.

Die Rückwände auf der Nordseite sind bis auf wenige Belichtungsschlitze komplett geschlossen. Zudem liegen hier als Pufferzone sämtliche Nebenräume - eine auch unter energetischem Gesichtspunkt sehr intelligente Lösung.

Unter den 2 m breiten Sonnenterrassen liegt versteckt das bewohnbare Untergeschoß.

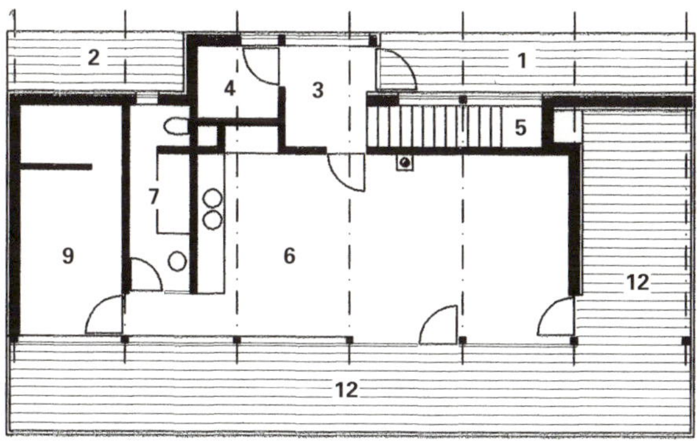

Obergeschoß Haus b

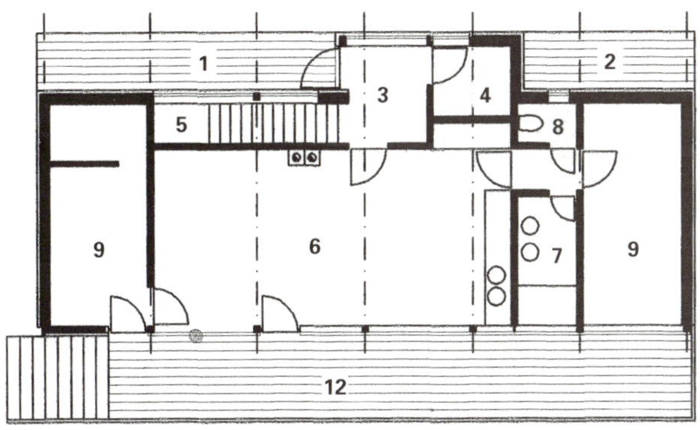

Obergeschoß Haus c

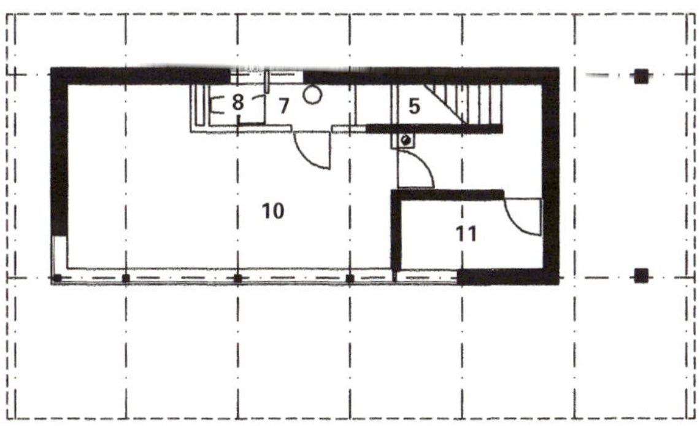

Untergeschoß

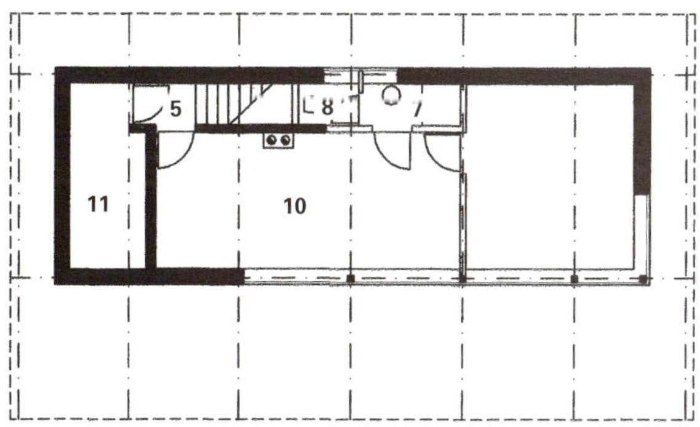

Untergeschoß

Grundrisse Haus b und c M. 1 : 200

1. überdachter Zugang
2. Holzlager
3. Eingang
4. Stauraum
5. Treppe
6. Wohnen-Kochen
7. Bad
8. WC
9. Schlafzimmer
10. Wohnen-Schlafen
11. Heizungsraum
12. Terrasse

Das größtenteils eingegrabene Untergeschoß wurde in Stahlbeton ausgeführt und außenseitig mit wasserdichten Dämmplatten und Bitumenpappe verkleidet. Das ab 1,20 m durchlaufende, einen Meter hohe Fensterband verleiht dem Innenraum eine bewohnbare Qualität. Ab der Fensterbank wechselt die Konstruktion zum Holz. Die darüberliegende Decke aus Leimbinderbalken kragt um ganze 3 m aus. Die Außenwand des Obergeschosses liegt um einen Meter nach außen versetzt vor der Betonwand (s. Holzlatte auf der Balkenlage), während die restlichen 2 m die Sonnenterrassen tragen.

Der mit Leimbinderbalken errichtete Skelettbau ermöglicht im Verhältnis zum Nadelholz reduzierte Querschnitte der Balken. Sechs Rasterfelder mit sieben Hauptträgern in 2,5 m Abstand bilden die Grundstruktur der drei Längshäuser. Durch die Holzbauweise vereinfachen sich normalerweise komplizierte Anschlußpunkte mit Decken, Dach und Fenster. Auch können, wie bei diesem Beispiel, Innendecken ohne Wärmebrückenprobleme als Terrassen auskragen. Die Gebäude sind mit unbehandelten Lärchenholzbrettern verkleidet. Innerhalb weniger Jahre werden sie sich durch die natürliche Verwitterung dem Grauton des Fensteranstriches sowie der umliegenden Baumrinden angeglichen haben und sich somit auf selbstverständliche, unauffällige Weise in die Landschaft einfügen.

Will man die Raumaufteilung verändern, können problemlos Leichtbauwände in der Achse der Hauptstützen trocken montiert werden, ein Eingriff, der im Holzbau ohne Schwierigkeiten auch von handwerklich begabten Bauherren ohne weiteres problemlos vorgenommen werden kann.

Deutschland
Sieben mal Holz

Objekt:	Hausgruppe mit sechs Wohnhäusern und Gemeinschaftshaus
Standort:	Oberviehbach, Gemeinde Niederviehbach
Architekten:	Büro 4, S. Wagner, F. Wanner Dietersheim/München
Bauzeit:	zwölf Monate
Wohnfläche:	Langhaus: ca. 135 m^2 + 6 m^2 Nutzfläche,
Quadrathaus:	ca. 105 m^2 + 8 m^2 Nutzfläche
Baukosten:	ca. 1 610,- DM/m^2 Wohnnutzfläche zzgl. 15 % MwSt.
kostengünstig:	reine Holzkonstruktion vorgefertigte Fassaden

M. 1 : 1 250

Fast schon in Serie entstanden die sieben Häuser am Ortsrand von Oberviehbach. Daher erklärt sich auch ihr günstiger Preis. Die kleinen Häuser sind dabei individuell in Grundriß und Größe und fügen sich durch ihre Maßstäblichkeit und ihren Materialeinsatz harmonisch in die sie umgebende Landschaft ein.

Als selbstbewußtes Ensemble stehen die sieben Holzhäuser in einer Gruppe zusammen und bilden einen prägnanten Abschluß der Nordwestseite des kleinen Ortes Oberviehbach in Niederbayern. Schon im Lageplan fällt auf, daß die wohlproportionierten Häuser, die die Topographie des Bauplatzes aufnehmen, einen ganz eigenen Maßstab entwickeln und die umliegenden Häuser der Ortschaft wie »aufgeblasen« wirken lassen. Diese sieben Häuser der Architekten Wagner und Wanner aus Dietersheim bei München erwecken Aufmerksamkeit, weil sich die Planer auf eine für Einfamilienhäuser sinnvolle Größe zurückbesonnen haben. Hier entstanden Wohnungen, die dem notwendigen Platzangebot für eine drei- bis vierköpfige Familie entsprechen, zudem erschwinglich sind und darüber hinaus einen Raumzusammenhang vorweisen, den man bei Einzelbaumaßnahmen meist vermißt.

Gemeinschaft entsteht in der kleinen Siedlung, in der es keine abgrenzenden Grundstücksparzellierungen gibt, durch die klare Formulierung eines Erschließungsbereiches auf der Vorderseite der Häuser und einem rückwärtigen Raum , in dem sich die privaten Gärten befinden. Ziel der Konzeption der Wohngruppe ist, Kontakte zu fördern, ohne sie zum Zwang zu gestalten. Die Haustypen unterschiedlicher Größe ermöglichen das generationsübergreifende Wohnen in räumlicher Nähe durch die Möglichkeit der Wohnungsteilung oder des Wohnungstausches.
Da die Anlage von Beginn an als Mietwohnungsanlage geplant war und nicht als Einzelwohneigentum von einer Bauherrengruppe entstand, war es möglich, ein klares Gesamtkonzept zu entwickeln. So konnten die Architekten bis zum öffentlichen Raum alles gestalten, in dem auch das Gemeinschaftshaus der Hausgruppe nicht fehlt. Dieses Gemeinschaftshaus ist in seiner Struktur so offen und variabel, daß es auch als zusätzliche Wohnung umgenutzt werden kann.

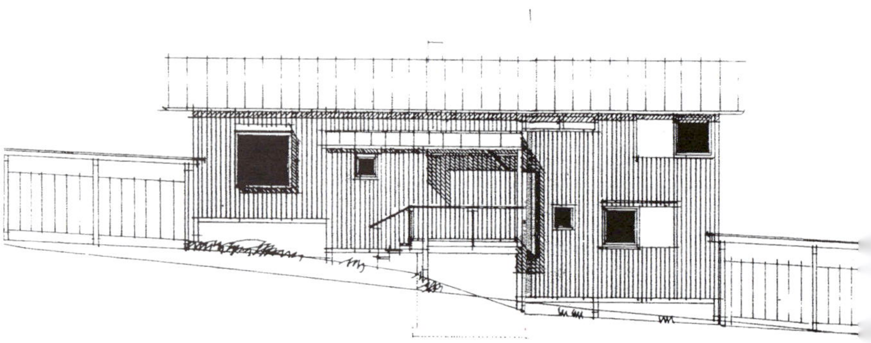

Die Wiederholung gleicher Baukörper führt nicht zwangsläufig zur Monotonie. Drei verschiedene Haustypen genügen bei diesem Beispiel, um zu einem abwechslungsreichen Gesamtbild zu führen. Die längsgerichteten »Langhäuser« auf der Feldseite finden ihren Abschluß im punktförmigen Gemeinschaftshaus am nördlichen Ende der Zeile.
Ansichten M. 1 : 200

Der öffentliche Raum spielt in der kleinen Anlage eine wichtige Rolle. Der verkehrsberuhigte Bereich, an dem direkt die Carports stehen, ermöglichte es, die Asphaltflächen auf ein Minimum zu beschränken, was die Kosten im Erschließungsaufwand senkte. Die einfachen, hölzernen Carports reduzierten ebenfalls die Kosten.

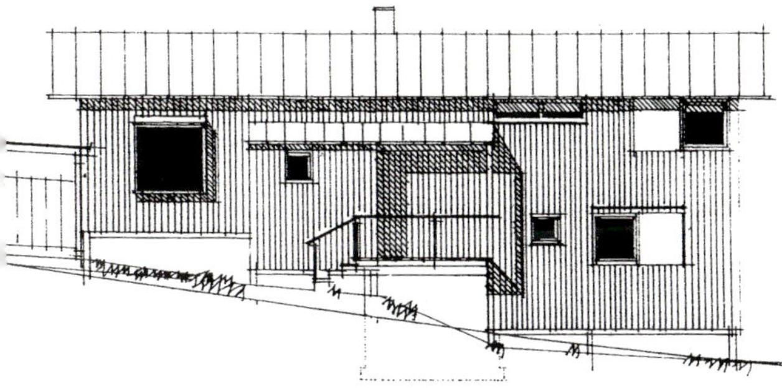

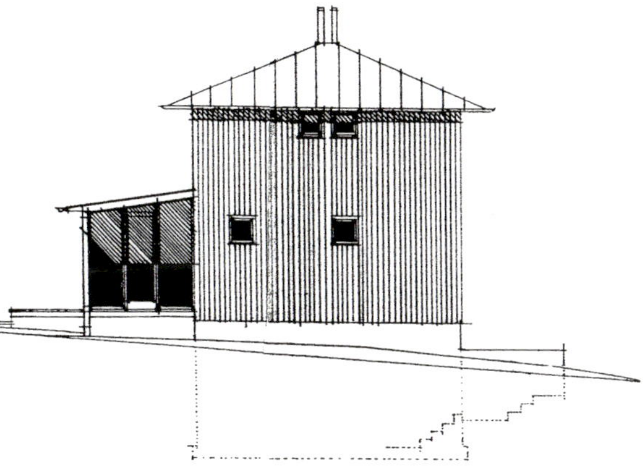

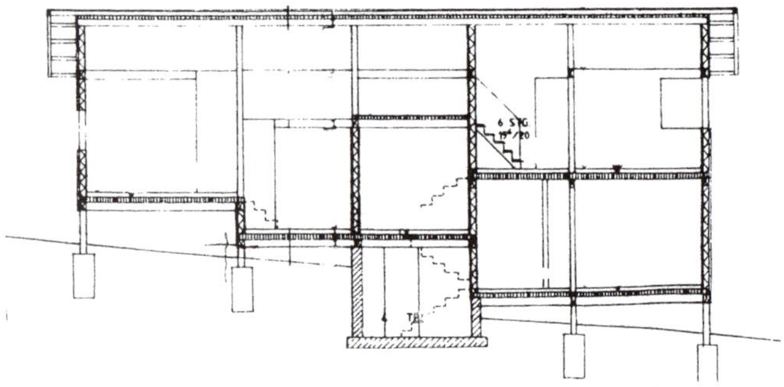

Grundrisse, Ansichten und Schnitte M. 1 : 200

1	Elternzimmer	**8**	Wohnraum
2	Hauswirtschaft	**9**	Windfang
3	Diele	**10**	Kinderzimmer
4	Bad	**11**	Flur
5	Speisekammer	**12**	Bad
6	Küche	**13**	Technikraum
7	Eßplatz	**14**	Vorratsraum

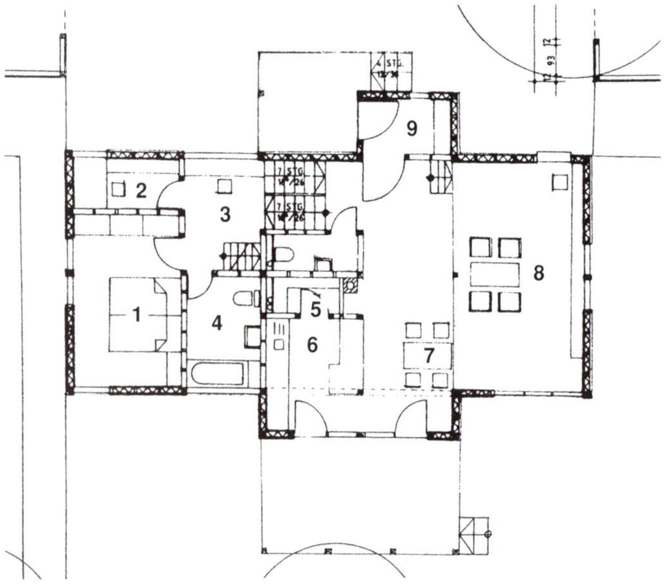

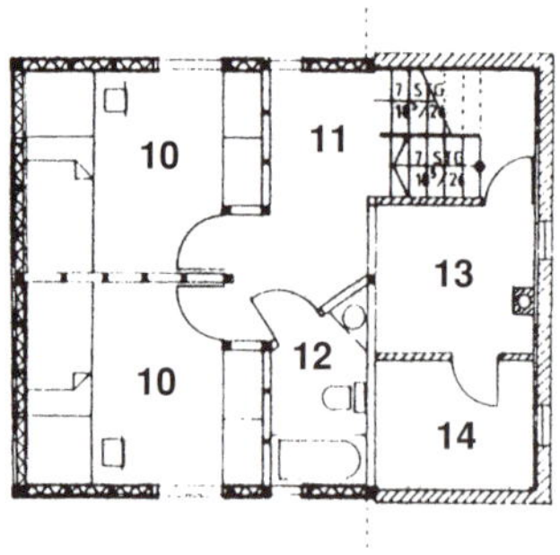

Das Langhaus in seinen Grundrissen und dem Längsschnitt. In der Kellerebene liegt der Technikraum mit der Fernwärmeübergabestelle.
Die unterste Aufenthaltsebene nimmt die Kinderzimmer auf. Ein halbes Geschoß höher befinden sich der Koch- und Eßplatz sowie der Haupteingang, an den sich ein kleiner Verteilerraum anschließt. Der Wohnbereich ist von diesem Hauptaufenthaltsbereich nur durch vier Stufen nach oben abgegrenzt. Genau über dem Kinderbereich liegt ein Stockwerk höher der Elternbereich, von dem aus es noch eine halbe Treppe höher zur Galerie geht.

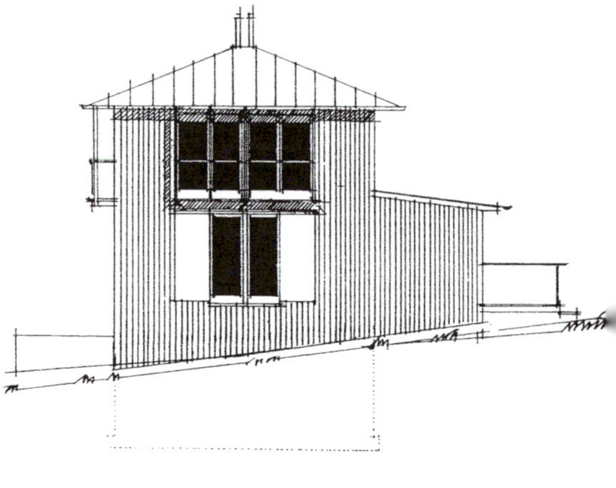

Versetzte Ebenen gliedern den knapp bemessenen Grundriß des Langhauses in differenzierte Raumbereiche und geben den Blick durch das ganze Haus frei. Alle Gemeinschaftsbereiche, wie Eßplatz, Küche, Wohnraum und Galerie, finden sich in einem gemeinsamen Volumen, das bis unter den First reicht.

Ein tragender Entwurfsgedanke war es, die Landschaft unter den Häusern »durchfließen« zu lassen. Daher sind die Häuser nur knapp unterkellert, um die Ver- und Entsorgungseinrichtungen unterzubringen und stehen ansonsten auf hölzernen Stützenfüßen, die auf Einzelfundamenten lagern. Der nach Norden abfallende Hang »fließt« unter den Häusern weiter und bleibt in seiner Topographie nahezu unberührt.

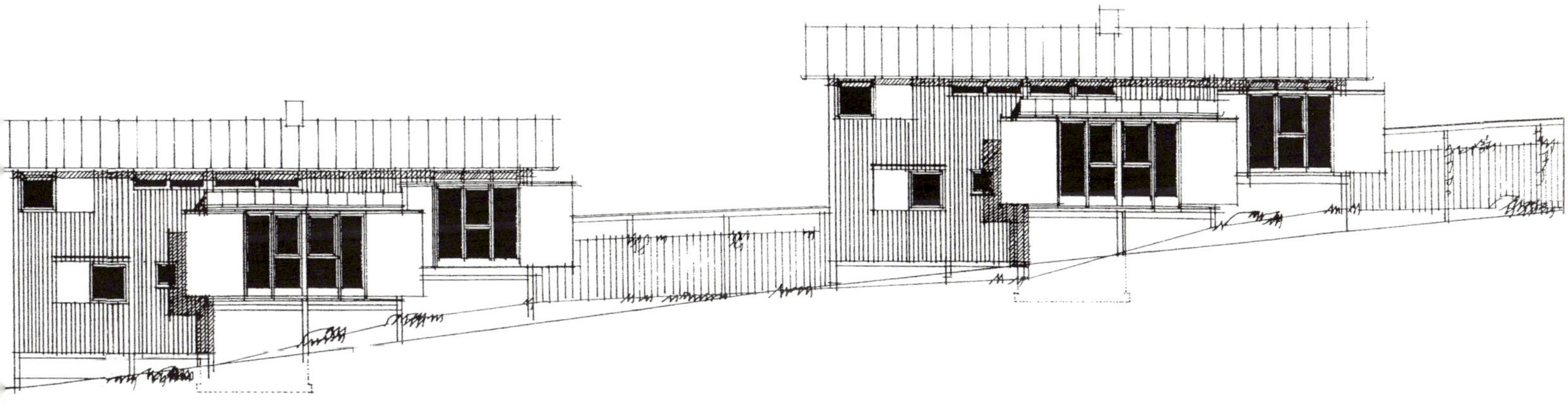

Die klare Struktur der Häuser findet sich auch im Detail wieder. Da der Bauherr der Besitzer von 40 ha Wald ist, war es keine Frage, die Häuser aus Holz zu bauen. Das Bauholz sollte bereits weit vor Werkplanungsbeginn eingeschnitten und gesägt werden. Daher mußten die Architekten schon früh eine gängige Balkenbreite nennen, die als Schnittbreite für die Baumstämme in Frage kam und beim Bau der Häuser benutzt werden konnte. So ergab sich der Querschnitt 14/14 cm, der für alle senkrechten Hölzer der Holzrahmenkonstruktion eingesetzt wurde. Alle Holzbauteile sind unbehandelt und sägerauh eingebaut, was sich auch in der Behandlung der hölzernen Oberflächen zeigt und den Charme der Siedlung unterstreicht.
Auch die Vorfertigung kam bei dieser Hausgruppe zur Anwendung. Der ortsansässige Handwerker, der die Zimmererarbeiten ausführte und bisher mit dieser Arbeitsweise nur im geringen Maß vertraut war, stellte die wesentlichen Teile der Wandtafeln im Werk her und montierte sie, außenseitig beplankt, auf der Baustelle. Nachdem die Winddichtung an der Außenseite angebracht war, befestigte man die Wärmedämmung, Dampfbremse und Innenwandbeplankung aus zwei Lagen Gipskarton. Abschließend wurde die senkrechte und auf Lücke gesetzte Schalung auf einer waagerechten Unterkonstruktion montiert.

Einfache und klare Details in den Anschlüssen der einzelnen Konstuktionsebenen (Fassade, Dachhaut) sind die Grundlage für rationelles Bauen. Der Fassadenschnitt durch das Langhaus erläutert diese Bauweise. Der Blick auf die Terrasse gibt (gespiegelt) die gebaute Umsetzung dieses Details wieder. Bemerkenswert sind hier die einfachen Schiebeläden, die fast alle Fenster und Türen schützen.

Fassadenschnitt durch die Westfassade M. 1 : 15

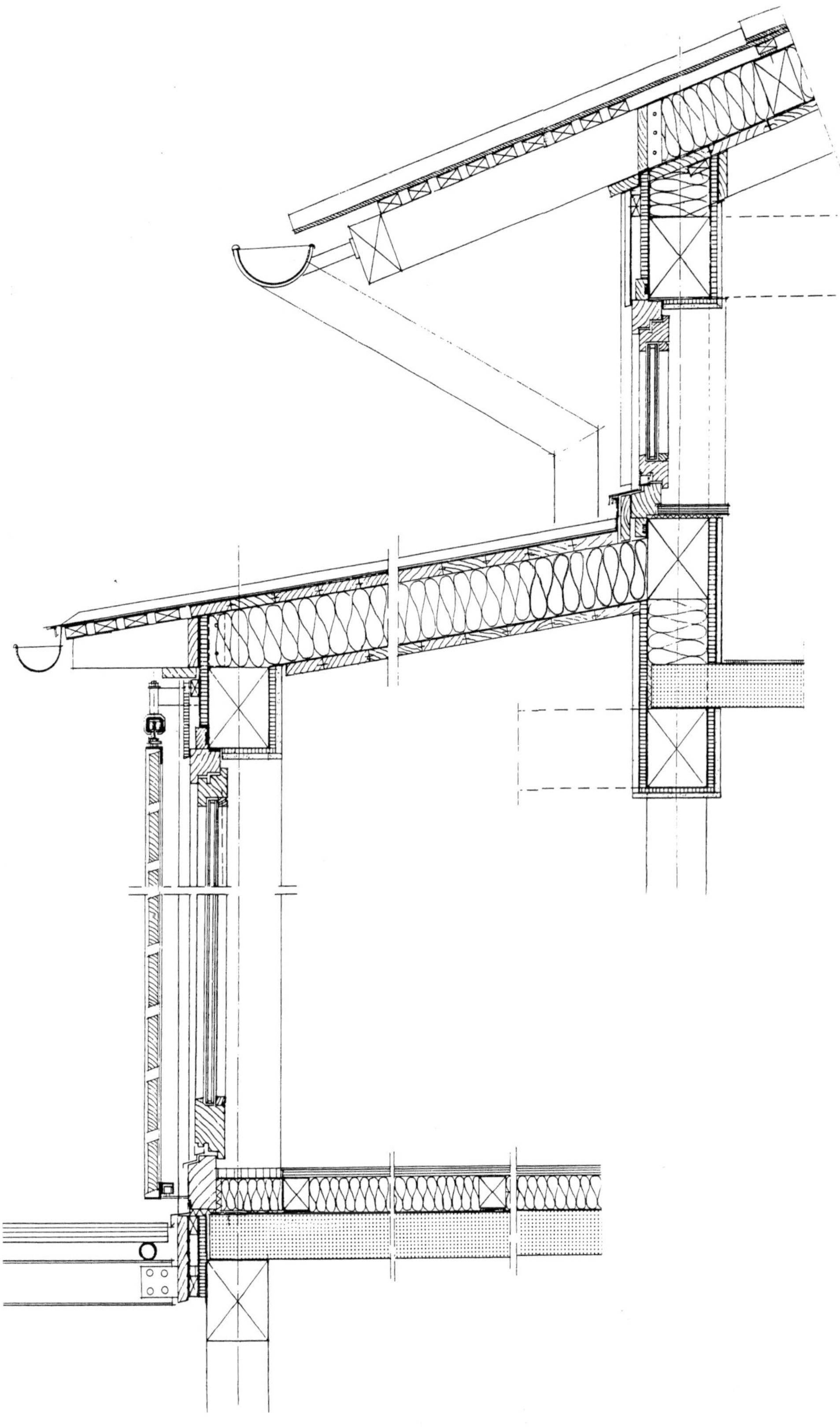

Dachkonstruktion
(von innen nach außen)

Sparren
Schalung Rauhspund, sägerauh, lasiert
Dampfbremse
Pfettenlage zur Befestigung der Wellplatten.
Wärmedämmung, Mineralwolle WLG 040
Folie diffusionsoffen
Lattung mit Distanzscheiben
Traufuntersicht als Leistenschalung auf Lücke
Wellplatten aus Faserzement, grau mit Kaltdachfirst.

Wandaufbau außen

Gipskarton zwei Lagen, gespachtelt, gestrichen
Dampfbremse
Wärmedämmung Mineralwolle WLG 040
Spanplatte 19 mm Nut und Feder als Aussteifungslage
Windfolie
horizontale Lattung
Glasvlies
senkrechte Holzschalung Fichte, sägerauh auf Lücke, farbig lasiert mit Farbe auf Leinölbasis, Farbton hergestellt durch
Pulverfarbkörper, Eisenoxid und Zinoberrot nach schwedischen Rezepturen

Fenster, Türen

Holzfenster aus 08/68 mm Profilen, Kiefer, als Dreh- und Kippflügel, festverglaste Teile
Oberfläche geschliffen und lasiert mit porenoffener Dickschichtlasur
Verglasung Isoliergläser, k-Wert 1,3
Innentüren mit Riegelstock, Fichte, Türblätter Röhrenspan mit Furnier in Fichte

Schiebeläden

Winkeleisenrahmen verzinkt
horizontale Brettlamellen auf Lücke
Laufschiene mit Rollenapparat über Konsolen in Konstruktion befestigt
Führungsrolle

Daß **Ökologie und Ökonomie** keinen Widerspruch bilden müssen, zeigt sich in der Verwendung der Materialien. Wie bereits die Ständer unbehandelt verbaut wurden , erhielt auch die Außenschalung keine Behandlung mit Holzschutzmitteln, sondern bekam einen Farbauftrag aus einer Mischung von Leinöl und Eisenoxidpulver, das nach schwedischer Rezeptur entstand. Diese Farbgebung unterstützt das skandinavische Flair, die man den Häusern spontan zuordnet. Die Innenwände sind ebenso Ständerwände aus Holz, die mit gespachtelten und gestrichenen Gipskartonplatten und einer Lage Spanplatten auf der Unterseiteseite beplankt sind. Die Geschoßdecken entstanden aus kostengünstigen Brettstapelelementen mit nur 10 cm Höhe. Diese geringe Deckenstärke war möglich, da sich die Spannweiten im sehr wirtschaftlichen Bereich von maximal 3,75 m Länge bewegen.
Bei der Entwicklung des Heizkonzeptes zeigt sich ein weiterer Vorteil der Hausgruppe. Diese wird durch eine zentrale Heizanlage versorgt, die sich im Gemeinschaftshaus befindet. Befeuert wird die Anlage mit Hackschnitzel aus Holz, die bei den umgebenden Zimmereien und Sägewerken der holzreichen Landschaft in ausreichendem Maß anfallen und so eine interessante Alternative zu Heizanlagen mit fossilen Brennstoffen darstellt.

Tradition und Landschaft zeigen sich die Architekten stark verbunden. So setzen sich die kleinen Holzhäuser konzeptionell mit der rauhen Anmutung der niederbayerischen Häuser auseinander, denn sie leiten sich von dem Bautyp der Scheune ab. Prägnante Merkmale dafür sind der weite Dachüberstand und die rauhe, wetterfeste Außenhaut. Mit anderen Worten sind hier Häuser entstanden, die den Erfordernissen des konstruktiven Holzschutzes entsprechen.

Kostengünstiges Bauen fängt beim Konzept an. So finden sich bei diesem Projekt mehrere konzeptionelle Entscheidungen, die maßgeblich an der Kostenersparnis beteiligt sind: Der Bau einer Gruppe gleicher Häuser ermöglicht, Bauelemente in Serie vorzufertigen - wie bei diesem Projekt erfolgt - und kann zu einem günstigen Angebot eines ortsansässigen Zimmereibetriebes führen. Die einfachen Details, die in einer soliden Planung der Architekten gezeichnet wurden, tragen hier zur Planung und Kalkulationssicherheit für die Handwerksbetriebe bei und ermöglichen ihnen die Erstellung eines kostengünstigen und sicheren Angebotes.
Zuletzt erwies sich auch der Bau der zentralen Heizanlage als sparsame Lösung. In diesem konkreten Fall führt der verwendete Brennstoff zu weiteren Ersparnissen, da der Eigentümer die Holzschnitzel zum Teil aus seinem eigenen Wald beziehen kann.

Schweiz
Kompaktes Wohnen

Objekt:	Mehrfamilienhaus mit fünf Wohneinheiten und zwei Büros
Standort:	Winikon bei Luzern
Architekten:	Lengacher und Emmenegger
Bauzeit:	ca. sechs Monate
Wohnfläche:	532 m^2 Hauptnutzfläche (Wohnfläche und Büro) + ca. 40 m^2 gedeckter Freisitz
Baukosten:	ca. 1 980,-DM/m^2 Nutzfläche, keine Mehrwertsteuer
kostengünstig:	serielle Vorfertigung hohe Baudichte

Winikon - ein kleiner Ort im ländlichen Surental - verlor sich im Laufe der Zeit mehr und mehr in eine Siedlungsagglomeration ohne erkennbares Zentrum. Es bot für den Entwurf kein Thema, da keine räumliche und formale Integration gefunden werden konnte. Die Architekten haben sich daher an den großen, meist älteren Bauten im Ort orientiert: den alten Bauernhäusern und vor allem den hohen und schmalen Tabakscheunen, die noch etwas von der heute verlorengegangenen Selbstverständlichkeit des Ortes ausstrahlen.

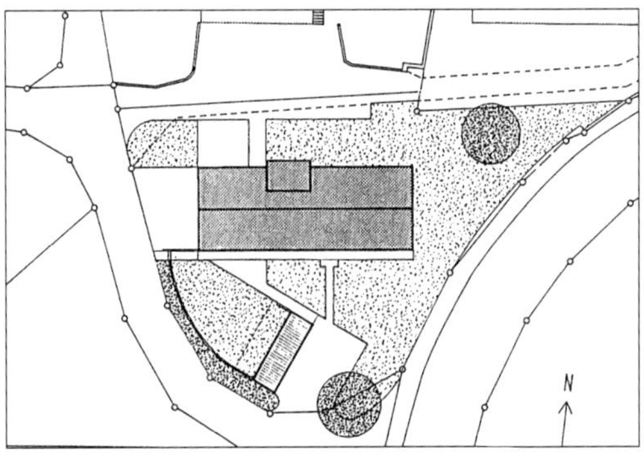

Lageplan M. 1 : 1000

Als ruhender Pol steht das Gebäude an der Straße. Das Haus, das aufgrund seiner Lage von beiden Seiten der Straße gut sichtbar ist, sollte sich an den großen Gebäuden des Dorfes orientieren. Die Nutzung als Mehrfamilienhaus in kostengünstiger Elementbauweise kommt dieser formalen Vorstellung sehr entgegen. Daß das von drei Seiten von Straßen umschlossene Grundstück schwierig zu bebauen ist, war ein weiteres Randproblem des Entwurfes.

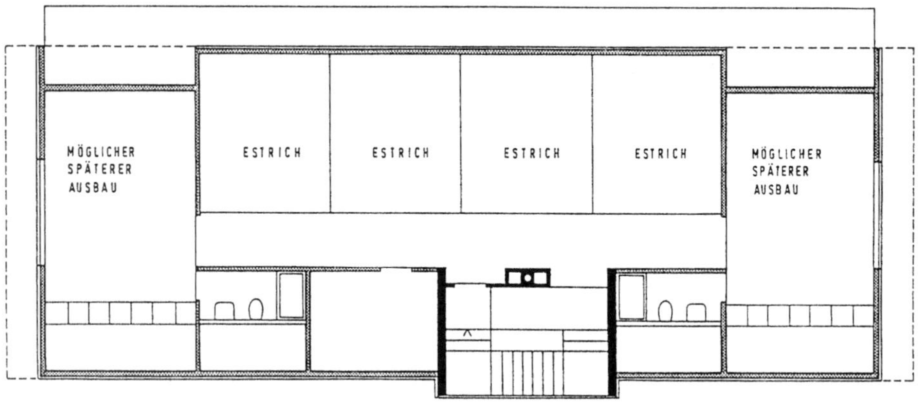

Dachgeschoß M. 1 : 200

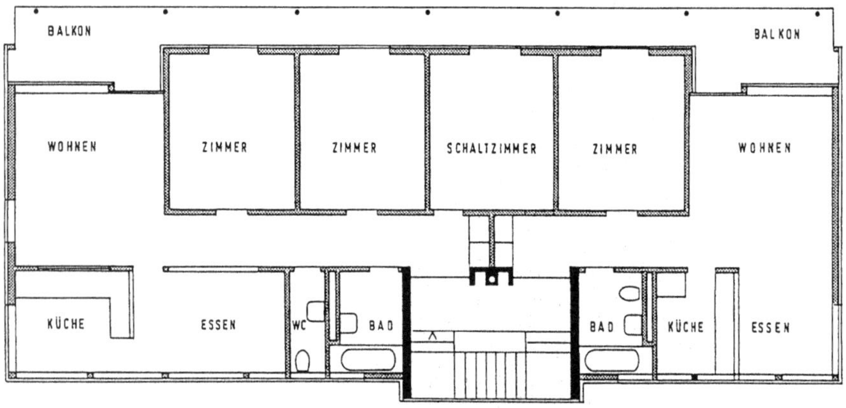

1./2. Obergeschoß M. 1 : 200

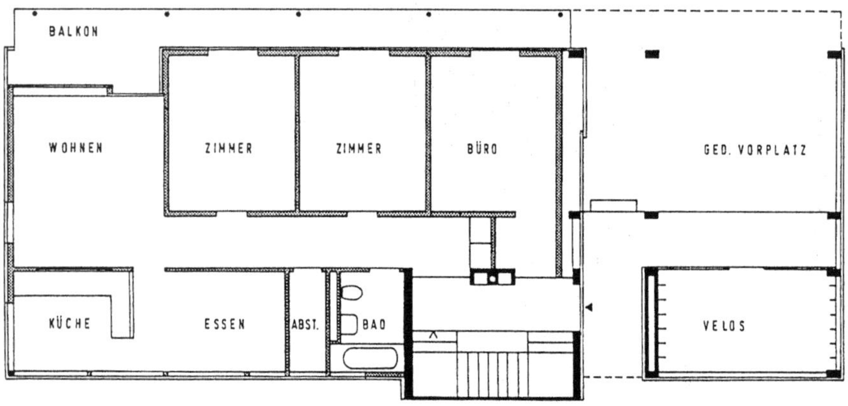

oberes Erdgeschoß M. 1 : 200

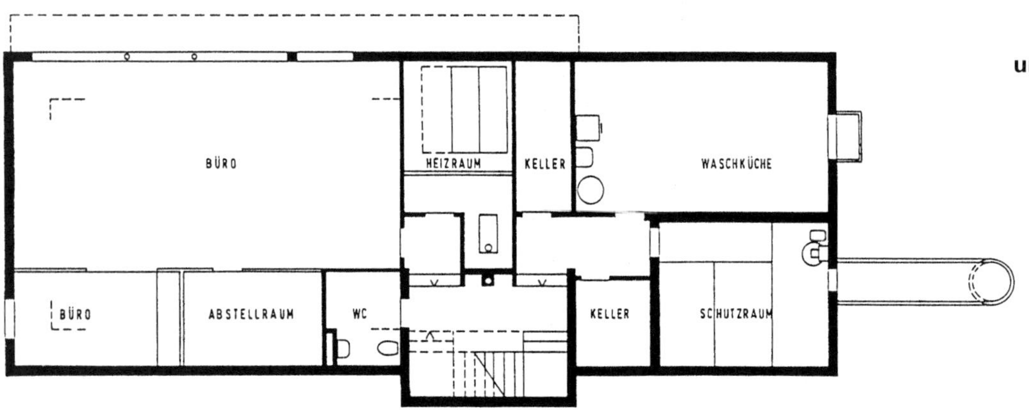

unteres Erdgeschoß M. 1 : 200

Die Architekten ordneten das lange schmale Gebäude am nördlichen Rand des Grundstücks an und erreichten auf diese Weise, daß unter Ausnutzung des Höhenunterschiedes von etwa 5 m zwei unterschiedliche Außenraumsituationen entstanden. Die obere, mehr westlich gelegene und damit der kleineren Erschließungsstraße zugewandte Fläche ist die privatere Ebene, die sich zum gemeinsam nutzbaren Freisitz auf dem Garagendach öffnet und zum gedeckten Vorplatz der Erdgeschoßebene erweitert. Die untere Ebene richtet sich stärker nach außen. Ihr ist der offene Autounterstellplatz zugeordnet, der Zugang zu den Büros, und auch die Gemüsegärten finden hier ihren Platz.

Die Wohnungen des Hauses organisieren sich nach einer einfachen, konstruktiv sinnvollen Grundstruktur. Alle Aufenthaltsräume sind nach Süden orientiert und werden von einem Gang erschlossen. Dieser endet an den jeweils stirnseitig angeordneten Wohnräumen, an die sich die Küche mit dem Eßbereich anschließt. Die Sanitärräume legen sich beiderseitig an den Treppenturm an. Der Gang wird in den Wohnungen zum Thema, was man besonders in der größeren Wohnung spürt. Die nördliche Gangwand leitet den Weg an den Individualräumen vorbei und löst sich zum Wohnzimmer hin auf. Eine differenzierte Farbgebung im Unterschied zu den umgebenden Wänden verdeutlicht die Sonderstellung der Wand. Die Lage der Küche im Eck des Grundrisses ermöglicht verschiedene Beziehungen zum Eßbereich und zum Wohnbereich.
Die leicht ausmittige Lage des Treppenturmes läßt zwei unterschiedlich große Wohnungen entstehen. Einer der vier gleichwertigen Schlafräume jedes Geschosses hat Verbindung zu den Fluren beider Wohnungen und kann daher beiden Wohnungen zugeschlagen werden. So variiert die Wohnungsgröße von einer 4 1/2- und einer 2 1/2-Zimmerwohnung zu zwei 3 1/2-Zimmerwohnungen.

Der Gang in der großen Wohnung trennt deutlich den Wohnraum von dem Servicebereich mit Küche, Eßplatz und Bad. Als wichtiges konstruktives und räumliches Element ist er auch durch die Farbgebung in Grau formal von den umgebenden Wänden hervorgehoben.

Der Dachraum, der zunächst als Speicherraum genutzt wird, bietet genug Möglichkeiten, um zwei weitere Wohnungen auszubauen, oder über eine kleine Treppe die Wohnungen im 2. Obergeschoß entsprechend zu vergrößern. Zwei großzügige Verglasungen in den Giebelseiten des Hauses sorgen bereits jetzt für ausreichende Belichtung. Der Ausbau des Dachgeschosses würde den gesamt nutzbaren Wohnraum um ca. weitere 60 m^2 vergrößern.
Das Sockelgeschoß und der Treppenturm sind die massiven Bauteile des Hauses. Alle anderen Bauelemente wie Wände, Decken, Fassaden und Dachelemente sind aus vorfabrizierten Holzrahmenelementen hergestellt und innerhalb einer Woche vor Ort montiert worden. Fenster, Balkone und die Fassadenbekleidung sind von ortsansässigen Handwerkern ausgeführt. Die Fassaden, die mit einer unbehandelten Douglasverschalung verkleidet wurden, stellen den Bezug zur ländlichen Umgebung dar. Dieser roh belassenen Struktur des sägerauhen Materials ist eine möglichst präzise Detailgestaltung gegenübergestellt worden. Die vollflächige und glatte Termoluxverglasung des Treppenturmes zeigt diesen Unterschied zwischen rauher Schalung und präzisem, harten Detail am deutlichsten.

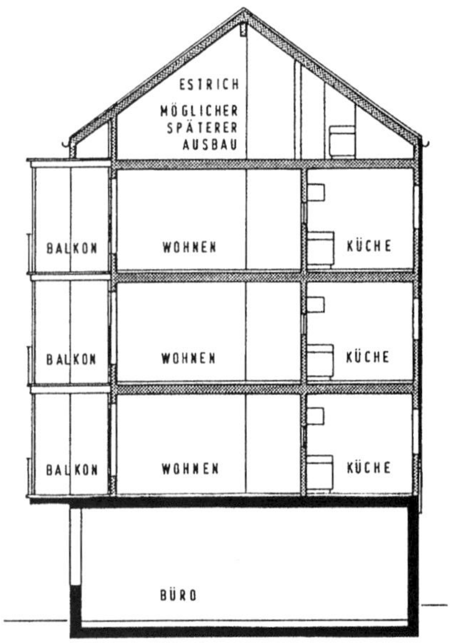

Schnitt M. 1 : 200

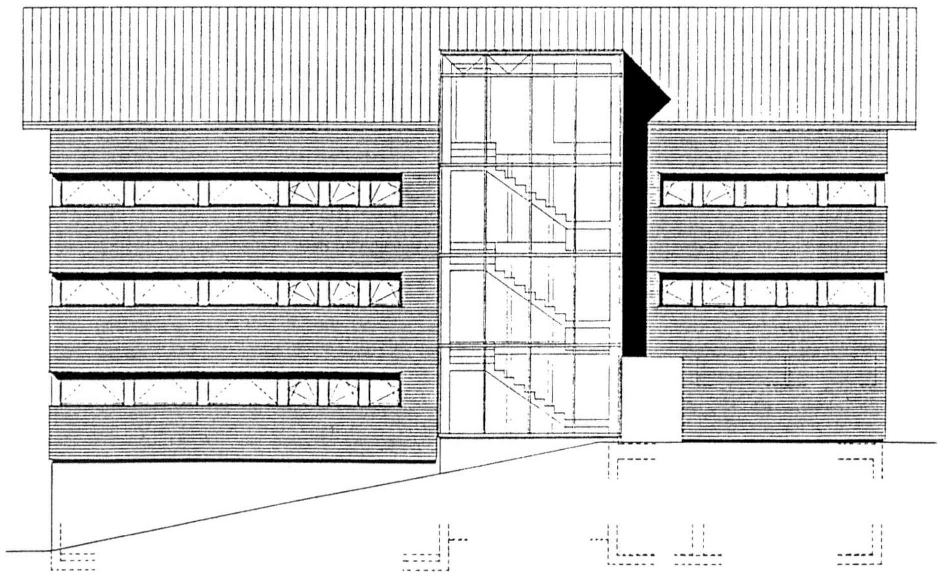

Ansicht Nord M. 1 : 200

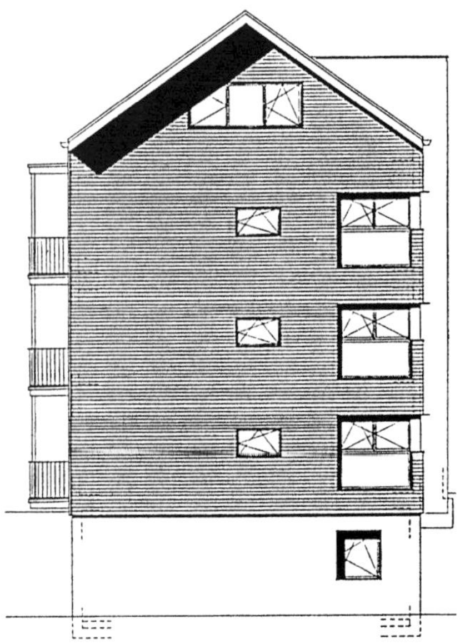

Ansicht Ost M. 1 : 200

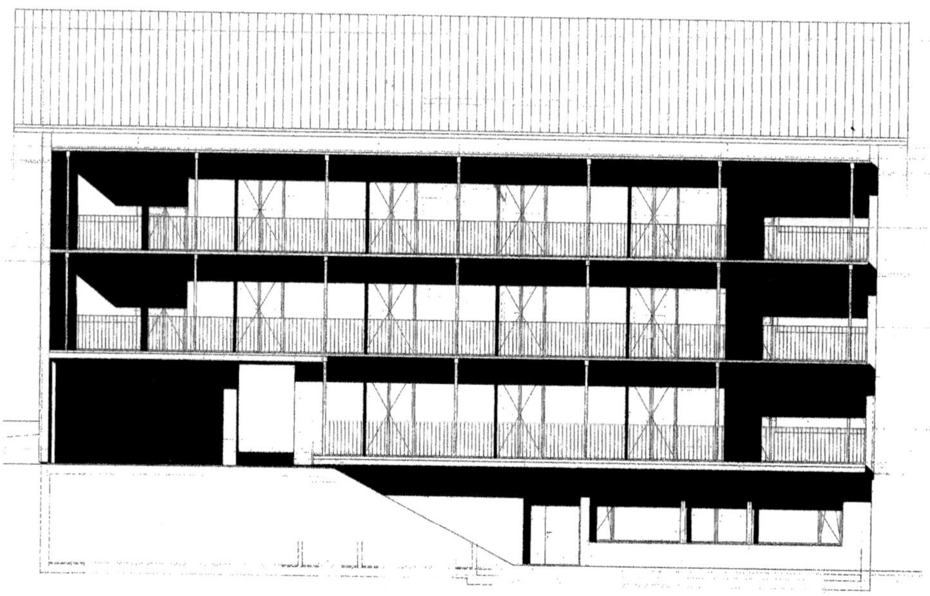

Ansicht Süd M. 1 : 200

Das Material prägt das Detail. Auf unterschiedliche Art und Weise werden die verschiedenen Materialien verwendet und im Detail behandelt. Holz steht dabei immer für den rauhen unbehandelten Werkstoff, während sich Stahl und Glas mit millimeterscharfer Genauigkeit dagegenstellen.

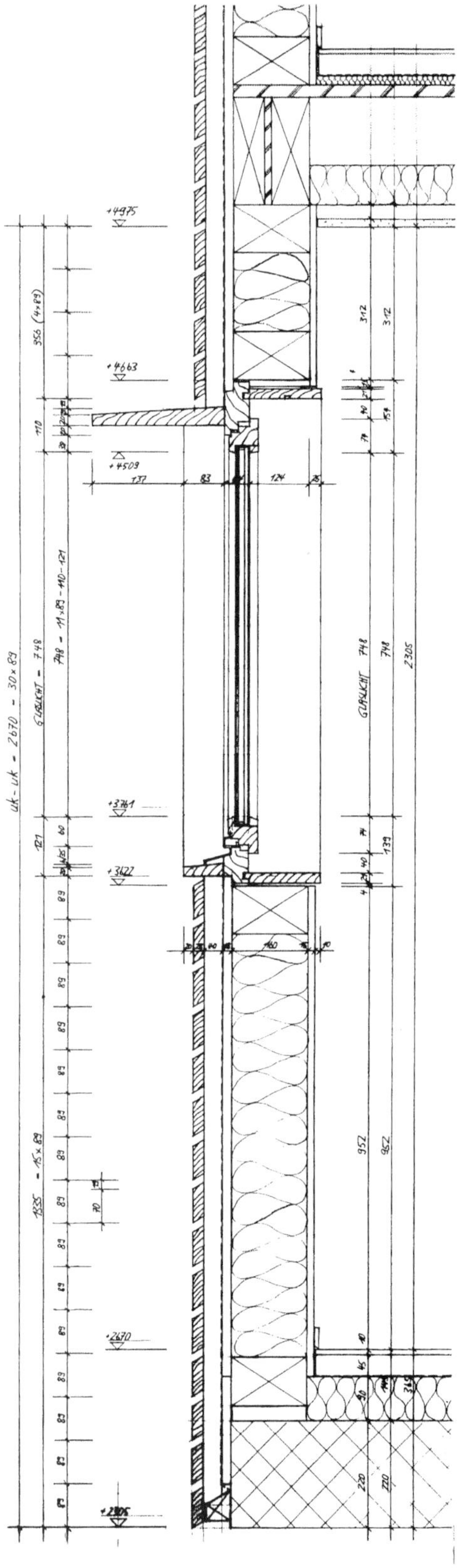

Detail Fassadenschnitt ca. M. 1 : 15

Bodenaufbau
Klebeparkett 8 mm
Fließestrich 45 mm
Trittschallisolation 20 mm
Spanplatte 25 mm
Tragbalken 80 x 220
Hohlraumisolation 80 mm
Federbügel 27 mm
Gipskartonplatten 18 mm

Wandaufbau
Fermacellplatten 15 mm
Ständerkonstruktion 60 x 160
Isoflocisolation 160 mm
bitumisierte Gutexplatten 18 mm
abdeckbahne Pavatex
Lattung 40 x 40 mm
Schalung Douglasie sägerauh 23 mm

Dachaufbau
Flachziegel
Ziegellattung 24 mm
Konterlattung 45 mm
Unterdachfolie
wasserfeste Spanplatte 16 mm
Sparren 80 x 210
Bei späterem Dachausbau:
Isolation zwischen den Sparren,
mit Gipskartonplatten verkleidet

Fenster
Fichte/Tanne keilverzinkt,
gebeizt und gewachst

Balkon
Boden: schulerplatte Douglasie
70 mm, fünffach verleimt,
unbehandelt.
Balken: 120 x 150-165,
1,5 % Gefälle nach außen

Die Holzkonstruktion erfüllt die Anforderungen an den Schallschutz durch eine Deckenkonstruktion mit einem schwimmenden Estrich und mit Federbügeln abgehängten Deckenuntersichten. Die Wände der Schalträume, die zugleich Wohnungstrennwände sind, tragen eine Gipskartonbeplankung, die ebenfalls mit Federbügeln befestigt ist.
Zum Zeitpunkt der Planung dieses Mehrfamilienhauses war es in der Schweiz bislang nur möglich, Wohnungsbau in Holz bis maximal zu zwei Geschossen mit Dach auszuführen. Dank des glücklichen Zusammentreffens einer innovativen Leitung der Gebäudeversicherer des Kanton Luzern und der aufgeschlossenen Wohnungsbaugenossenschaft Sursee gelang es, dieses Experiment des dreigeschossigen Wohnungsbaus aus Holz zu realisieren. Dieses Gebäude ist in der Schweiz das erste Pilotprojekt, bei dem diese Konstruktionsweise im verdichteten Wohnugsbau eingesetzt wurde.

Im äußeren Erscheinungsbild haben die Architekten eine formale Nähe zu den ursprünglichen Bautypologien gesucht. Das Mehrfamilienhaus - ursprünglich eine Bauaufgabe für den städtischen Raum und nun an einem Standort in der ländlichen Agglomeration - äußert für die Planer einen Widerspruch in der Aufgabe. Diesen Widerspruch bringen sie in der Unterschiedlichkeit von Detailbehandlung und Materialwahl zum Ausdruck. Der angestrebte Gegensatz zeigt sich noch einmal im Vergleich der Giebelfassaden mit den Längsfassaden. Die Giebel werden beherrscht von der rauhen einfachen Holzschalung, die von einem weit auskragenden Dach begrenzt werden, während die Hauptansicht auf der Südseite eine feingliedrige Struktur der Balkone zeigt. Das flach auskragende Vordach des obersten Balkons verleiht dem Haus aus der Nähe den Anschein, als hätte es ein flaches Dach.

Ein filigranes Äußeres erhält das Haus auf seiner Südseite durch den fein gegliederten Balkon. Die schwarz gestrichenen Stützen und die senkrechten Sprossen des Geländers bilden eine Schicht vor dem massigen Baukörper und verleihen ihm eine anmutige Leichtigkeit, die durch die hohen Fensterformate noch unterstützt wird.

Die erreichten Baukosten liegen innerhalb des in der Schweiz festgesetzten Kostenrahmens für den sozialen Mietwohnungsbau, wie er von der staatlichen und der kantonalen Wohnbauförderung festgelegt worden ist. Die kurze Bauzeit von sechs Monaten ist ein wichtiger Aspekt für die relativ günstigen Kosten. Daneben ist aber auch die planerische Disziplin zu erwähnen, die eine klare und einfache Konstruktion hervorbrachte, die kostengünstig zu erstellen war. Die zusätzlichen ausbaufähigen Ressourcen, die das Gebäude im Dachgeschoß bietet, stellen einen weiteren Faktor dar, auch wenn dieser den Bau zunächst im Index Baukosten pro Quadratmeter Hauptnutzfläche teurer werden läßt.
Letztendlich steht aber hier noch sehr kostengünstig zu erstellender Wohnraum zur Verfügung.

Deutschland
Wohnen in der Siedlung

Objekt:	27 Wohneinheiten im sozialen Wohnbau
Standort:	Olching bei München
Architekten:	H. Schröder, S. Widmann, München
Bauzeit:	ca. zehn Monate
Wohnfläche:	Wohnungen mit 42-77 m^2
Baukosten:	ca. 1 550,- DM/m^2 Nutzfläche zzgl. 15 % MwSt.
kostengünstig:	serielle Vorfertigung keine Unterkellerung Carports statt Garagen

Lageplan M. 1 : 1000

Kostengünstig bauen und qualitätvoll wohnen. Das sind zwei Hauptanliegen, die das bayerische Innenministerium mit seinem Modellprojekt verfolgt hat, nachdem in Bayern an 22 Standorten 900 Wohnungen in Holzbauweise errichtet wurden. Die Gemeinden, die bereit waren, die Vorgaben dieses Programmes zu akzeptieren, mußten sich verpflichten, so zu planen und zu bauen, daß die Baukosten pro Quadratmeter nicht über 1 800,- DM brutto liegen. Die Förderung erhielten nur Gemeinden, die ein städtebaulich vertretbares Gesamtkonzept vorlegen konnten und ohne Unterkellerung, weder für Tiefgaragen, noch für Kellerräume auskamen.

In der Gesamtübersicht erkennt man, daß sich die Häuser nicht genau in Nordsüdrichtung orientieren. Dieser Umstand verbessert die Belichtung der Häuser wesentlich, da die Westsonne bereits ab Nachmittag in die rückwärtigen Aufenthaltsräume fällt, während die Vorderseiten bis nachmittags direktes Sonnenlicht erhalten.
Die Zeichnungen zeigen den Grundriß des Erdgeschosses (links) und des Obergeschosses (rechts) im M. 1 : 500.

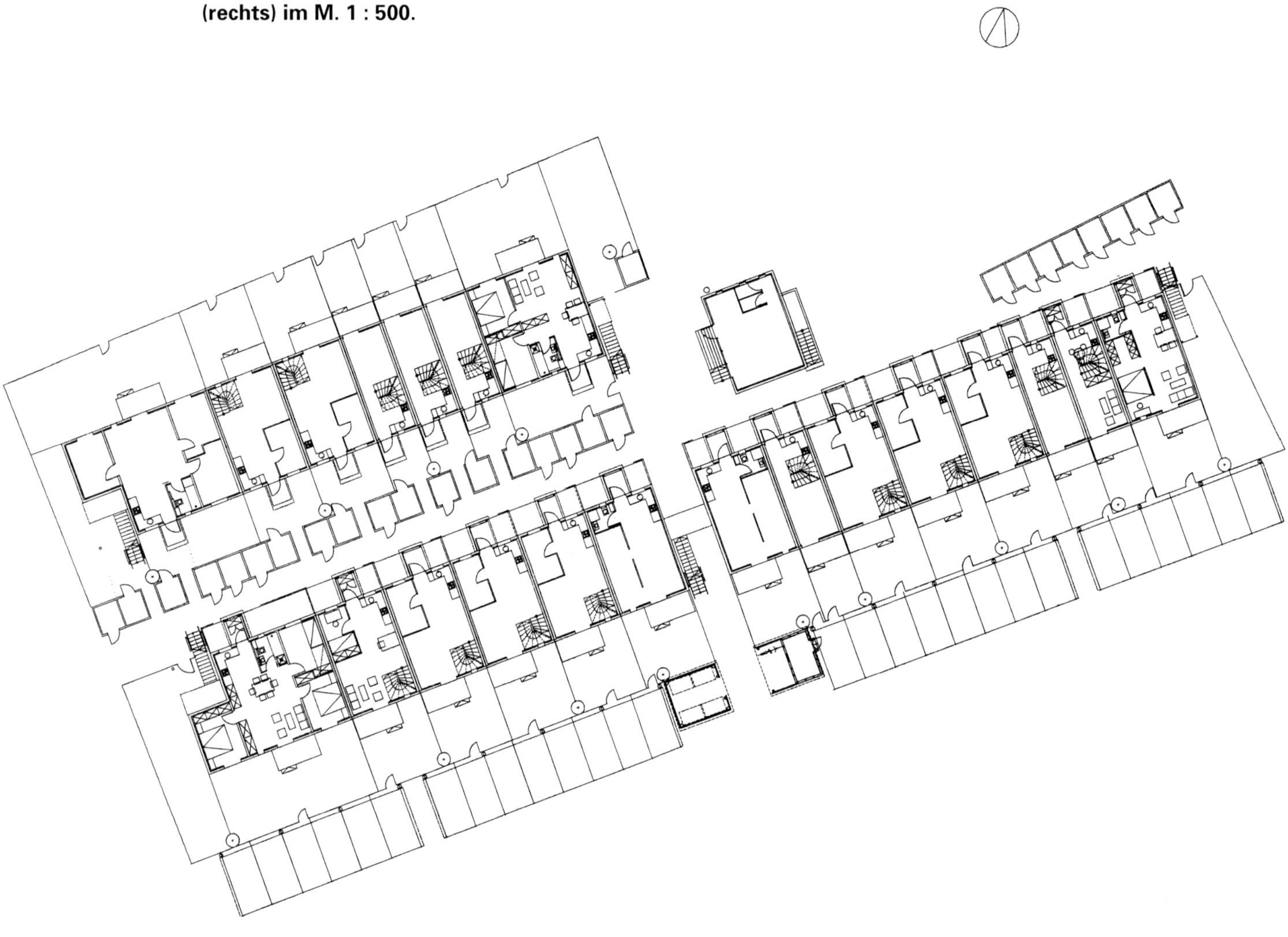

Eine städtebauliche Einheit schafften die Architekten H. Schröder und S. Widmann, die in einer Gemeinschaftsarbeit die Planung entwickelten. Sie schufen drei Einzelbaukörper für den Wohnungsbau und ein Gemeinschaftshaus, die sich in der Anlage so gruppieren, daß ein einfaches Wegekreuz alle Wohnungen erschließt und an dem Schnittpunkt des Kreuzes ein kleiner Quartiersplatz entsteht, an dem das Gemeinschaftshaus liegt. Da es in der Siedlung keine Unterkellerungen gibt, mußten Kellerersatzräume an anderer Stelle gebaut werden. Im Zusammenhang mit Räumen für Gartengeräte und Fahrräder entstand eine parallel zum Erschließungsweg liegende Reihe von nebeneinander angeordneten Abstellräumen, die je einer einzelnen Wohnung zugeordnet sind. Die einheitliche Höhenentwicklung der Lagerschuppen und der Gartenzäune bindet diese Abstellräume sehr gut in die Gesamterscheinung der Bebauung ein. Sie bilden so viel mehr den Übergang vom halböffentlichen Wohnweg zum privaten Eingangshof der einzelnen Wohnungen.

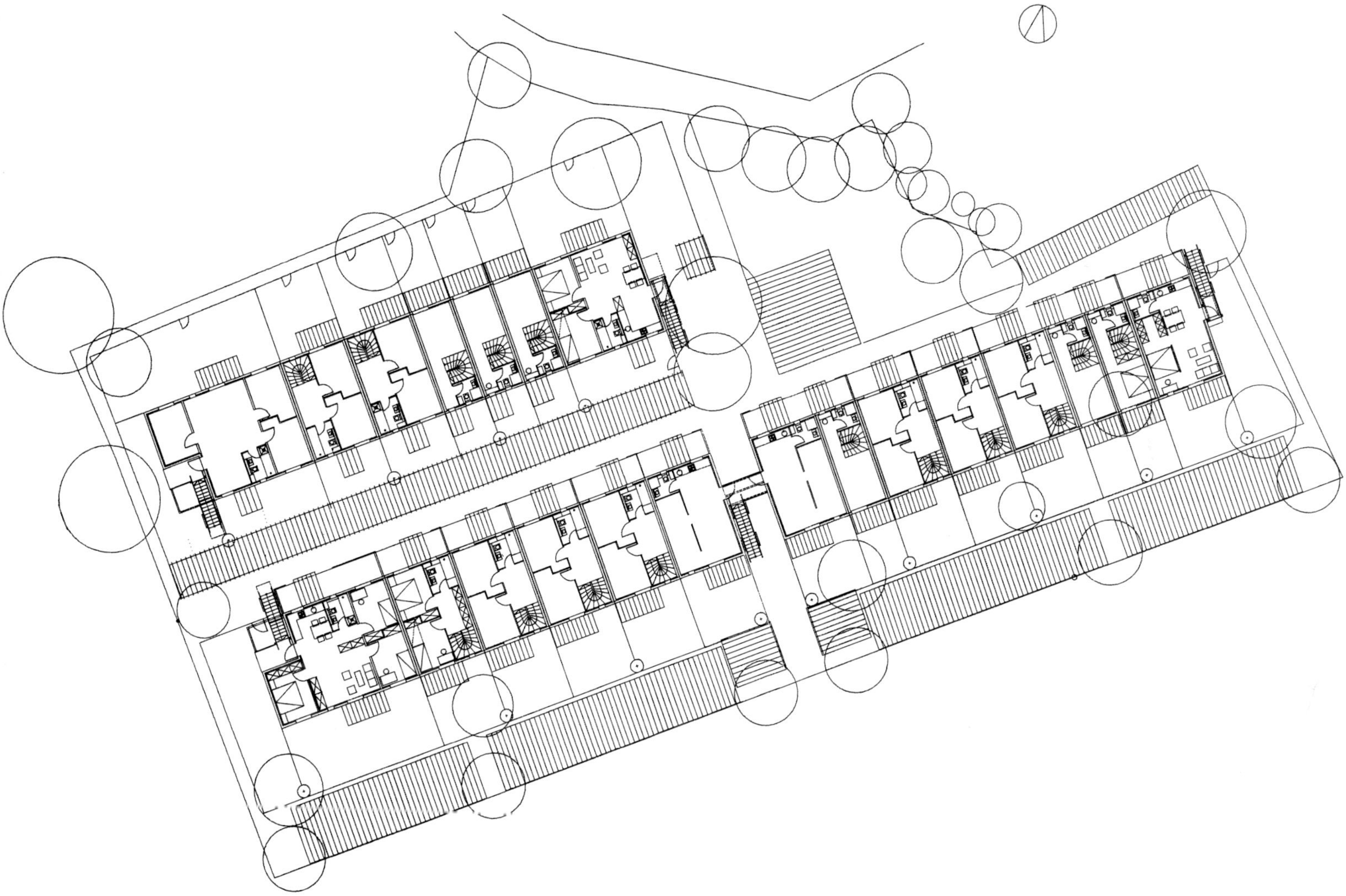

An den Kopfenden der Häuserzeilen finden sich die eingeschossigen Wohnungen, die über außenliegende Treppenaufgänge erreicht werden und dadurch mit ihrem eigenen Eingang den Charakter des verdichteten Flachbaus bewahren. Ein eigener Freisitz ist auch den Wohnungen im oberen Geschoß direkt am Treppenaufgang zugeordnet.

Gemeinschaft entsteht in der kleinen Siedlung nicht nur im zentralen Wohnweg, der alle Wohnungen erschließt und sich am Schnittpunkt mit dem Querweg zu einem kleinen Platz erweitert, sondern auch in dem kleinen Gemeinschaftshaus, das sich am zentralen Platz befindet. Dieses Haus, das von allen Bewohnern im Rahmen ihrer Miete mitgetragen wird, soll als gemeinsamer Treffpunkt für Elterninitiativen oder auch zur Kinderbetreuung innerhalb der Wohnanlage dienen, aber auch jedem einzelnen die Möglichkeit für größere private Feierlichkeiten bieten.

Den öffentlichen und den privaten Raum in der Siedlung zu differenzieren, war den Architekten ein wichtiges Anliegen. Sie erreichten dies durch das gezielte Einsetzen von Schwellen und Übergängen. Die Zeile der Lagerschuppen, die sich zwischen den öffentlichen Wohnweg und den privaten Gartenhof der süderschlossenen Hauszeile schiebt, war zum Ausformen dieser Bereiche sehr hilfreich. Der Gartenhof bildet hier mit seiner kleinen Terrasse noch eine weitere Schwelle vor dem Erreichen der privaten Wohnung. Die von Norden erschlossenen Häuser haben einen sehr knapp gehaltenen Eingangsbereich, der mit einem offenen Vorhäuschen vor jedem Wohnungseingang vom Wohnweg getrennt ist.

Die Wohnungen richten sich konsequent mit ihren gemeinschaftsorientierten Nutzungen wie Kochen und Arbeiten zur Zugangsseite, während auf der Gartenseite der Wohnbereich und die privaten Zimmer liegen. Dies bewirkt, daß sich die Aufenthaltsräume der von Süden erschlossenen Häuser zum Teil nach Nordosten richten. Bei der Planung wurde darauf geachtet, daß jede Wohnung einen eigenen Zugang von außen erhält, der die Kontaktaufnahme zum öffentlichen Raum aus der privaten Sphäre der Wohnung ermöglicht.

Eine einfache und unaufwendige Erschließung war bei diesem Projekt möglich. Da die notwendigen Carports an der Erschließungsstraße zusammengefaßt sind, kann die ganze Siedlung durch fußläufige Wohnwege erschlossen werden. Dies sind Kosteneinsparungen, die neben den geringen Baukosten zusätzlich erreicht wurden.

Die von Norden erschlossenen Häuser sind mit einem sehr knapp gehaltenen Eingangsbereich, der ein offenes Vorhaus vor jedem Wohnungseingang ausbildet, vom Wohnweg getrennt. Dieser mit minimalen Mitteln erzeugte Schwellenbereich ermöglicht den Bewohnern aus dem geschützten Bereich der Wohnung die Kontaktaufnahme nach außen.

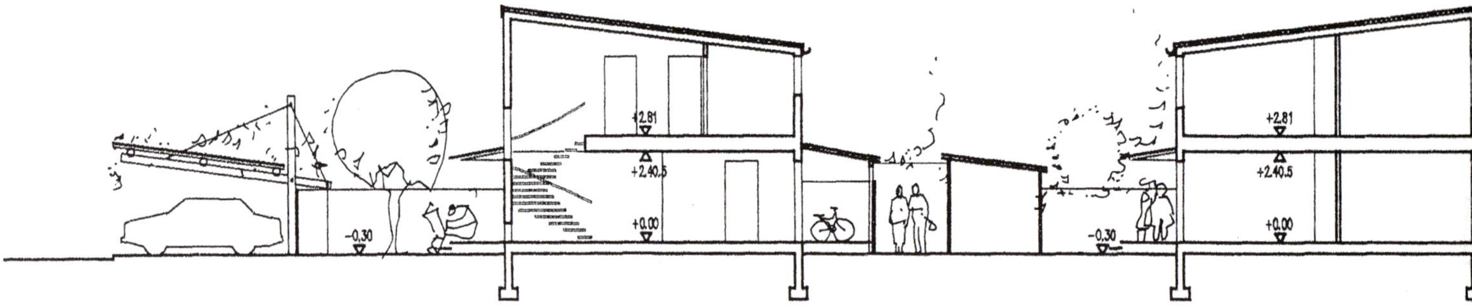

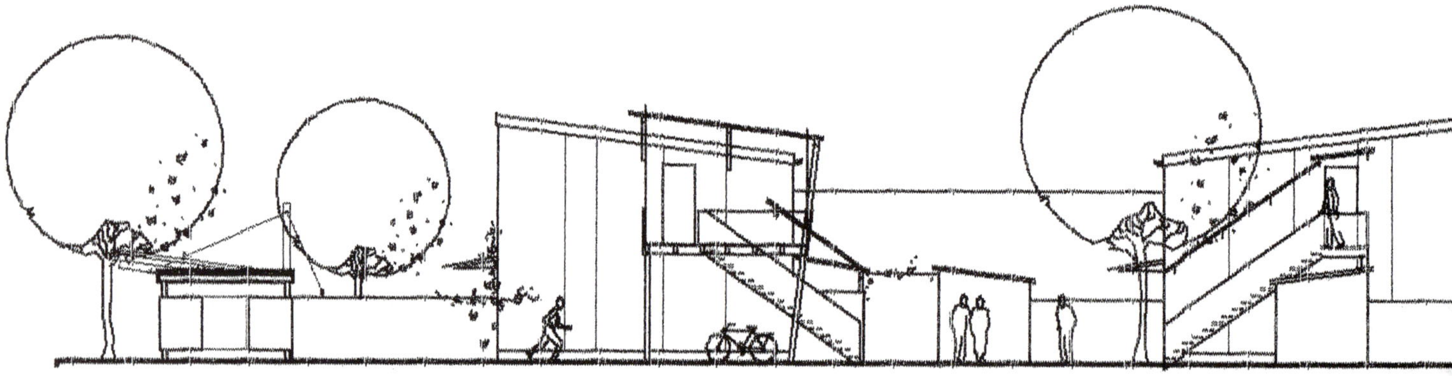

Die Wohnungen sind sehr flächensparend aufgebaut. Die geschickte Raumaufteilung der Grundrisse bewirkt aber eine überzeugende Großzügigkeit. Der offene Allraum im Erdgeschoß nimmt die gemeinschaftlichen Nutzungen wie Kochen und Essen auf. Der intimere Wohnbereich liegt dabei immer zur Gartenseite orientiert und wird durch die frei im Raum stehende Treppe geschützt. Die teilweise nur ca. 3 m breiten Grundrisse entwickeln dabei eigenwillige Typologien, die sich durch die weit nach Süden vorgeschobene Lage der Treppe ergeben.

Die Gärten, die den Häusern zugeordnet sind, bilden eine weitere Besonderheit der Siedlung. Besser ist es, hier von Gartenzimmern zu sprechen, da sie die Qualität eines nicht überdeckten Raumes haben, der mit bewußt hohen Sichtschutzwänden begrenzt wurde, um den Bewohnern die Möglichkeit zu geben, ihre Gärten individuell nutzen zu können.

Der Teilausschnitt durch die Häuserzeile zeigt die Proportionierung des Außenraumes und macht die Differenzierung der Außenräume vom Wohnweg zum privaten Eingangshof deutlich.
In der Ansicht der Zeilenköpfe erkennt man die differenzierte Gestaltung der Eckhäuser, die mit wenigen gestalterischen und baulichen Mitteln erreicht wird.
Alle Zeichnungen M. 1 : 200

Die Zeilenköpfe sind durch einfache Mittel differenziert gestaltet. Die Treppenzugänge zu den Etagenwohnungen, die im oberen Stockwerk liegen, sind hier untergebracht.

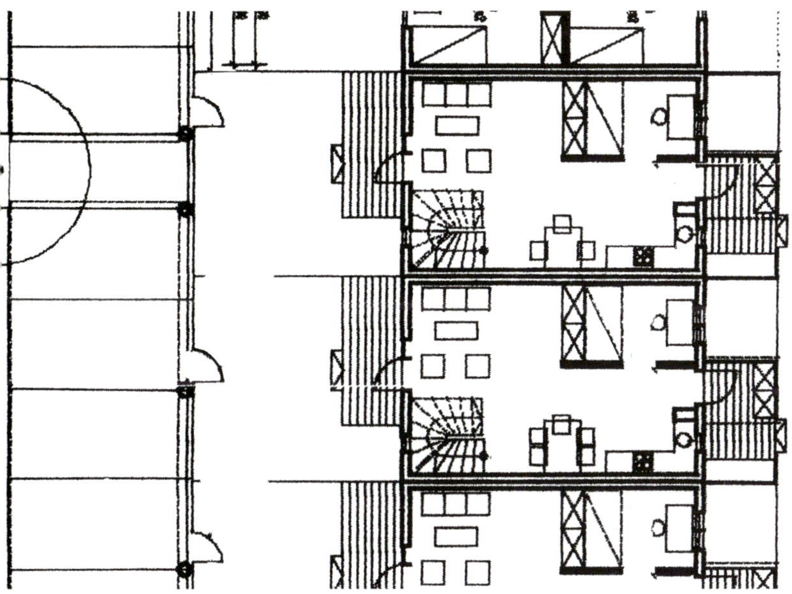

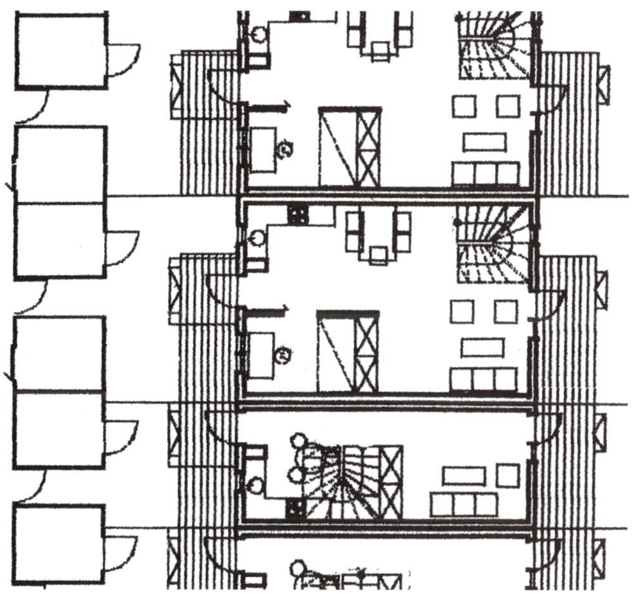

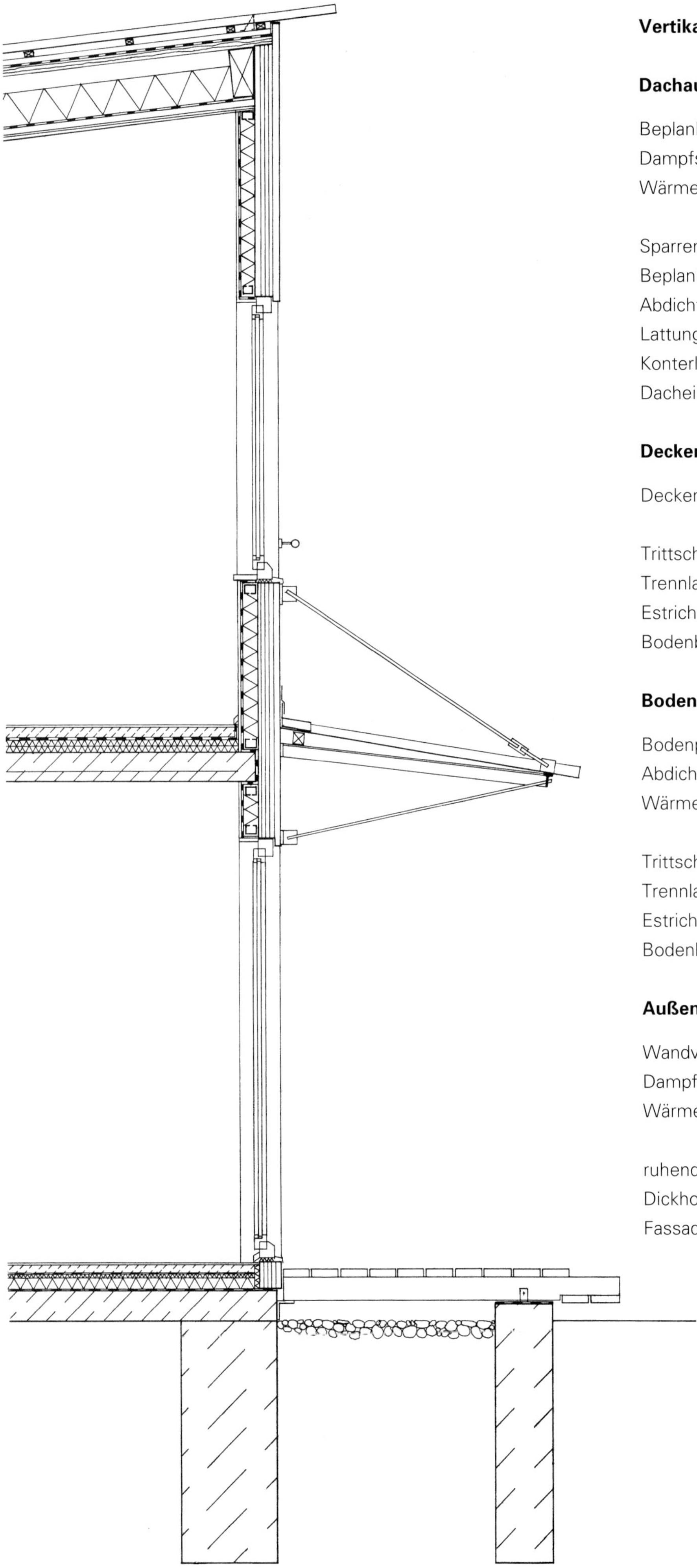

Vertikalschnitt durch die Südfassade M. 1 : 30

Dachaufbau

Beplankung	GKB, 2 x 12,5 mm
Dampfsperre	PE-Folie, 0,2 mm
Wärmedämmung	Minerallaserdämmung (040), 160 mm
Sparren	8 x 22 cm
Beplankung	Spanplatte, 38 mm
Abdichtung	Unterspannbahn
Lattung	Kanthölzer, 50 x 30 mm
Konterlattung	Kanthölzer, 50 x 30 mm
Dacheindeckung	Trapezblech, Stahl

Deckenaufbau

Deckenplatte	Stahlbeton/Filligrandecke, 150 mm
Trittschalldämmung	60 mm
Trennlage	PE-Folie, 0,2 mm
Estrich	Fließestrich, 50 mm
Bodenbelag	Linoleum, 4 mm

Bodenaufbau

Bodenplatte	Stahlbeton, 150 mm
Abdichtung	Bitumenschweißbahn, 6 mm
Wärmedämmung	Polystyrolhartschaum (035), 50 mm
Trittschalldämmung	20 mm
Trennlage	PE-Folie, 0,2 mm
Estrich	Fließestrich, 50 mm
Bodenbelag	Linoleum, 4 mm

Außenwandaufbau

Wandverkleidung	GKB-Platten, 12,5 mm
Dampfsperre	PE-Folie, 0,2 mm
Wärmedämmung	Mineralfaserdämmung (040), 80 mm
ruhende Luft	20 mm
Dickholzwand	Fichtenbretter, 4 x 19 mm
Fassadenplatte	Kerto-Q-Platte, 27 mm

Moderner Holzbau wird bei diesem Projekt an zahlreichen Punkten deutlich. Selbstverständlich ist es mittlerweile, daß die Schallschutzwerte der Wohnungstrennwände denen im Massivbau um nichts nachstehen. Die Wärmeschutzrichtlinien sind im Holzbau durch den Schichtenaufbau der Außenwände ohnehin leichter zu erreichen. Auch die Haltbarkeit eines Holzhauses liegt nach Aussagen der Fachleute bei über 100 Jahren.
Die zweigeschossigen Außenwände der Häuser bestehen aus 15 cm starken Dickholzelementen, die von außen sichtbar sind. Die relativ glatte Oberfläche, die keine Horizontalfugen aufweist, bietet einen guten Schutz gegen eindringendes Wasser.

FACHBEITRÄGE

BAUEN MIT HOLZ

Daß bei dem verdichteten Geschoßbau in Mitteleuropa nach wie vor hauptsächlich Mischkonstruktionen gewählt werden, hängt zunächst mit den strengen Brandschutzverordnungen zusammen, vor allem aber mit unserer Bautradition, die im Gegensatz zu den skandinavischen Ländern immer noch den Ziegelbau favorisiert.

Bauen mit Holz: Mehr als ein Trend?

von Thomas Lückgen und Arne Steffen
werk.um architekten

Zur Zeit erlebt der Holzbau eine bisher ungewohnte Nachfrage. Trotz allgemein schwacher Baukonjunktur verzeichnet die Branche Zuwächse, die offensichtlich auch Zukunft in sich birgt. Insbesondere private Bauherren fragen zunehmend nach Holzhäusern. In den letzten sechs Jahren stieg die Zahl der gebauten Wohneinheiten in Holzrahmenbau bei Ein- und Zweifamilienhäusern absolut von 508 auf 4 455 pro Jahr. Relativ wuchs die Bedeutung des Holzbaus von 0,4 % auf 2,7 % Anteil an Ein- und Zweifamilienhäusern. Die wachsende Bedeutung zeigt sich auch im zunehmenden Interesse der Medien: In der Fachpresse erscheinen Sonderbeilagen zum Holzbau, und Fernsehsendungen über das Bauen im nächsten Jahrtausend beschäftigen sich vorwiegend mit Holzbauweisen.

Die Ursachen für diese Entwicklung sind vielfältig und lassen sich nicht eindimensional erklären. Vielmehr ist es eine Summe von Vorteilen, die der heutige Holzbau bietet. Dabei handelt es sich teilweise um leicht verständliche, weil quantifizierbare Vorzüge. Zum Beispiel steht der Holzbau im Ruf, außerordentlich kostengünstig zu sein. Wohnungsbauprogramme wie z. B. das Modellvorhaben des bayerischen Innenministeiums belegen das. Auch der »Spiegel« wußte 1995 zu berichten: »War Holz noch vor wenigen Jahren allenfalls als Baustoff für Baracken genehm, schätzen es nun immer mehr Architekten, Wohnbaugesellschaften und Häuslebauer als preisgünstige Alternative zu Backstein oder Beton.«

Genauso aber führen und verführen auch Gefühle die Bauherren zum Holzbau, zumal die heutige Bauherrengenerationen allesamt Nachkriegskinder sind, die Holzbauten nicht mehr als Notunterkünfte in Barackenform kennengelernt haben, sondern vielmehr mit Holzhäusern aus dem Urlaub angenehme Erinnerungen verbinden.

Darüber hinaus werden in der Öffentlichkeit weitere wichtige Schlagwörter unserer Zeit ebenfalls mit dem Baustoff in Verbindung gebracht. Themen wie »Niedrigenergiebauweisen« oder »Passivhäuser«, »Ökologie«, »Selber bauen«, »Gesund wohnen« werden seit einigen Jahren vom Holzbau besetzt.

Holzbau liegt also voll im gesellschaftlichen Trend. Alle Voraussetzungen sind erfüllt: Die starke Nachfrage ist auf Bauherrenseite emotional tief verankert, der gesellschaftliche Segen aufgrund der positiv darzustellenden Ökobilanz erteilt, und die Erfüllung der Kundenwünsche fällt der ausführenden Industrie durch die vielen Vorteile der modernen Bauweise vergleichsweise leicht. Insbesondere drei wichtige Aspekte erklären den Trend und weisen zugleich auf das Entwicklungspotential von modernen Holzbaukonstruktionen hin.

1. Reize des Einfachen, des Natürlichen

In einem Essay für den Forstabsatzfond stellt Trendforscher Matthias Horx fest, daß der Holzbau in unsere Zeit, in das ausgehende 20. Jahrhundert paßt, »... weil es verschiedene Sehnsüchte vereint.«

Und tatsächlich befriedigt Holz Sehnsüchte. Die Sehnsucht nach dem Ursprünglichen, nach dem Authentischen, dem jedermann vertrauen kann. In einem Alltag, der wesentlich von Kunstwelten bestimmt ist, wird der Baustoff Holz zum positiven und analogen Sinnbild gegenüber einer komplexen und sich verändernden digitalen Umgebung, die nicht mehr verstanden, aber täglich genutzt wird.

In diesem Zusammenhang bekommt Holz auch die Bedeutung als ein Urmaterial des Bauens, als ein unmittelbarer, direkt und von jedermann erfahrbarer Baustoff. Die Herkunft ist bekannt, der Weg aus dem Wald auf die Baustelle ist vorstellbar, und jeder hat bereits mit dem Baustoff eigene Erfahrungen hinsichtlich der Verarbeitung gemacht und traut sich deshalb auch die Selbsthilfe auf der Holzbaustelle zu.

Ein Holzhaus auf dem Weg zur Baustelle. Architekten: werk.um, Darmstadt

Der Holzbau genießt also bei den heutigen Kunden, den Bewohnern, wieder das Vertrauen, das Nachfrage schafft. Offensichtlich konnten auch die Holzschutzmittelskandale und Prozesse dem guten Image von Holzhäusern nicht nachhaltig schaden, denn der warme unbehandelte Baustoff gilt allgemein als gesund.

2. Gesellschaftliche Ökobilanz

Holz ist der einzige Konstruktions-Baustoff aus nachwachsenden Rohstoffen und damit ein ökologisch korrekter Baustoff. Offensichtliche Holzhäuser mit entsprechenden Attributen sind somit zum gesellschaftlichen Inbegriff von Ökobau geworden, mit denen sich Verbände, Bausparkassen und Politiker gerne bei allen Gelegenheiten schmücken.

Und in der Tat: Die Bilanz kann sich sehen lassen. Der Baustoff ist CO_2-neutral, der Primärenergiegehalt für Anbau, Abbau und Verarbeitung in der Region vergleichsweise gering, und Holz ist ein heimischer Rohstoff. Die Nutzung schafft Nachfrage, diese erhöht den Preis. Ein hoher Preis wiederum macht Waldpflege rentabel und schafft ökologisch sinnvolle Arbeitsplätze.

Zudem bedingt die Konstruktionsweise einen hohen Dämmstandard, da der Aufwand für Wärmeschutz über das Notwendige hinaus sehr gering ist. Niedrigenergiehäuser werden somit zu günstigen Preisen realisierbar. Trotz des hohen Dämmstandards bleiben die Wandaufbauten schlank und leisten einen Beitrag zum Flächensparen im Bauen.

Dabei sind Holzkonstruktionen flexibel in Grundriß und Funktion, können problemlos umgebaut werden und ermöglichen eine lange Nutzung. Danach können Holzbaukonstruktionen ohne großen Aufwand zurückgebaut werden - im günstigsten Falle sogar kompostiert werden.

Konstruktionen mit Holz erfüllen somit alle Voraussetzungen, um als Ökobaustoff anerkannt zu werden - solange vorwiegend nordeuropäisches Holz verwendet und unter Beachtung von DIN 68800 auf den chemischen Holzschutz möglichst verzichtet wird.

3. Holzbau, Leichtbau oder Schnellbau

Zimmerleute werben mit dem Slogan »Die Steinzeit ist vorbei. Wir bauen mit Holz.«. Tatsächlich entsprechen moderne Holzbaukonstruktionen den gesellschaftlichen Anforderungen an Geschwindigkeit, Industrialisierbarkeit des Bauprozesses und letztendlich an Kosten der Bauweise.

Ebenso wie in der hochzivilisierten Welt der Anteil körperlicher Arbeit abnimmt und durch Kopfarbeit ersetzt wird, erfordert der Holzbau einen erhöhten Planungsaufwand und präzisere Ausführung als im Massivbau. Moderne Montagestraßen ähneln heutzutage schon mehr industriellen Produktionsbänder als der guten alten Baustelle aus der Vergangenheit.

Die Nutzung von Holz hat sich in den letzten Jahren in der Bundesrepublik mit Einführung des Holzrahmenbaus einschneidend verändert. Die modernen Holzbauweisen unterscheiden sich grundsätzlich von den alten Block- oder Fachwerkbauweisen, die den heutigen Ansprüchen an Bauen hinsichtlich Luftdichtigkeit, Wärmedämmung, aber auch Kosten nicht mehr gerecht werden können. Aus dem klassischen Holzbau wurde vielmehr der Leichtbau mit Holz. Der Anteil Massivholz in einfachen Konstruktionen wurde auf 15 % reduziert. Der Verbau von Doppel-T-Trägern aus Holz macht den Holzbau noch leichter. Weniger Holz und damit weniger der sich drehende und windende Naturbaustoff waren eine Grundvoraussetzung für den bauphysikalisch hochwertigen Holzbau.

Der Leichtbau wurde so leicht, daß heutzutage Elementvorfertigung, Transport und Montage mit einfachen Mitteln und von mittelgroßen Zimmereien zu bewerkstelligen sind.

Das geringe Gewicht in Verbindung mit einem hohen Grad an Vor-

fertigung qualifizieren den modernen Holzbau auch für andere und in den nächsten Jahren zunehmend wichtiger werdenden Bauaufgaben, nämlich für Nachverdichtungen, Dachaufstockungen, energetische und bauphysikaliche Sanierungen.
Zudem ist der Holzbau eine schnelle Bauweise. Die Bauzeiten auch für den Holzsiedlungsbau sind außerordentlich kurz. Konsequent geplante Vorfertigung macht Bauvorhaben in zehn Wochen realisierbar - von den Gründungsarbeiten bis zur Bezugsfertigkeit. Und insbesondere in der Zeitersparnis liegt heutzutage ein wesentlicher Kostenvorteil gegenüber anderen Konstruktionsweisen.
Der Holzbau konnte unter den gegebenen Umständen schnell zum Trend werden. Und dieser Trend ist Gefahr und Chance zugleich. Zum einen geht mit der hohen Nachfrage, der Aufmerksamkeit an Hochschulen und in den Medien die Chance von rasanter Entwicklung für die Konstruktionsweise einher. Andererseits drohen Gefahren durch ein zu schnelles Wachstum, überzogene Erwartungen, Unwissenheit und Entwicklungen im Holzbau, die ihn ad absurdum führen können.
Der moderne Holzbau ist ebenso leistungsfähig wie sensibel. Der Baustoff muß konsequent geschützt werden - gegen Feuchtigkeit, Brand und vor allem gegen Unwissen. Damit der Trend dem Holz auch langfristig mehr nutzt als schadet, sind folgende Aspekte zu bedenken.

Ausbildung

Zur Zeit kann die rasch steigende Nachfrage kaum mehr von qualifizierten Fachleuten befriedigt werden, weder auf Planerseite noch auf Seite der ausführenden Unternehmen. Planung und Verarbeitung des einfachen, natürlichen Baustoffs erfordern ein differenziertes Wissen über dessen Eigenschaften und Konstruktionsweisen. An den Universitäten wird das Bauen mit Holz mehr als Auseinandersetzung mit einem Trend betrachtet, und von den zur Zeit tätigen Planungsbüros hat nur ein kleiner Teil ausreichend Erfahrung im Bauen mit Holz. Selbst an den Schulen des Zimmererhandwerks wird bisher nur an wenigen Orten ausreichend Holzbau gelehrt, obwohl für Zimmereien im Bau von Holzhäusern die wesentliche Aufgabe für die Zukunft liegen kann. Entsprechend gut muß die Ausbildung für planende und auch ausführende Unternehmen werden.

Qualitätssicherung

Unseriöse Anbieter beginnen, die Angebotslücke mit schlechten Holzbauleistungen zu füllen. Das zur Zeit noch gute Image des Holzbaus ist somit gefährdet. Nur eine konsequente Qualitätsfremdüberwachung bis zur Fertigstellung der Häuser kann den Holzbau langfristig vor schlechter Arbeit schützen.

Forschung

Die Entwicklung der letzten Jahre war rasant. Dabei haben junge Konstruktionsweisen wie die Vollholz- oder Brettstapelbauweisen dem Holzbau bereits wichtige Impulse geben können. Aufgrund des langen Holzbaustillstandes in der Bundesrepublik muß der Vorsprung - insbesondere der der skandinavischen Holzbaunachbarn - schnellstens aufgeholt werden, damit sich der Holzbau seiner Bedeutung entsprechend auch hierzulande entfalten kann.

Fassadenvariationen in Holz Architekten: werk. um architekten, Darmstadt

Wahrung des Natürlichen

Die Faszination der technischen Entwicklung im Holzbau ist groß. Die damit verbundenen Probleme für den Naturbaustoff ebenfalls, denn je weiter die Leichtbaukonstruktion perfektioniert und industrialisiert wird, desto mehr wird der Rest Natur aus dem Baustoff verdrängt. In Finnland werden bereits Leichtbauhäuser angeboten, in denen Holz gegen Stahl ausgetauscht worden ist. Der Rest Massivholz kann auch gegen präzise zu berechnende und höher belastbare Holzwerkstoffprodukte ausgetauscht werden. Sicherlich weisen diese »Weiterentwicklungen« auch Vorteile auf. Doch bezahlt werden sie mit endlichen Rohstoffen oder die Gesundheit belastenden Kunstleimen. Die ursprünglich positve Ökobilanz wird schnell fragwürdig.

Erleichterung der Genehmigungspraxis

Noch werden dem Holzbau zuviele und unnötige Genehmigungssteine in den Weg gelegt. Zwar wird in der Praxis häufig der Umweg über Ausnahmegenehmigungen beschritten, doch kosten diese Genehmigungen mehr Mühe, mehr Zeit und natürlich auch mehr Geld. Ebenso wie Planer und ausführende Unternehmen müssen auch die Genehmigungsbehörden im Holzbau nachgeschult werden, damit die geltende Rechtsordnung sicher ausgelegt werden kann und Novellierungen entsprechend formuliert werden können.

Angemessene Zentralisierung

Holzrahmenbau muß nicht vorgefertigt werden. Die Elemente können auch erst auf der Baustelle in einer Art Field-Factory zu Elementen montiert und aufgestellt werden - wie in den USA auch bei größeren Bauaufgaben üblich. Diese Arbeitsorganisation bleibt sehr flexibel, der organisatorische Aufwand ist gering, die Investitionen für die vorwiegend in ihrer Region tätigen Unternehmen sind niedrig. Konsequent industrialisierte Unternehmen hingegen sind wesentlich leistungsfähiger in bezug auf Zeit und Kosten und können international tätig werden - ein Aspekt von zunehmender Bedeutung für die Zukunft im Baugewerbe. Die Vorteile kommen jedoch nur zum Tragen, solange Standardtypenhäuser gebaut werden können und die Bauherren keine Änderungswünsche haben. Somit gilt es, für unterschiedliche Aufgaben sorgfältig differenzierte Organisationen zu entwickeln.

Aufklärung gegen Restvorurteile

Trotz der Medienpräsens haftet dem Holzbau in weiten Teilen immer noch das Barackenimage der Nachkriegsjahre an, so sehr, daß viele Zimmermeister für sich Massivhäuser gebaut haben. Dabei können Holzbaudecken mittlerweile einen besseren Schallschutz aufweisen als Massivdecken, die Brandschutzversicherungen versichern Holzbauten zu den gleichen Tarifen wie Massivhäuser: die örtlichen Banken sind von ihren Zentralen angewiesen, in der Beleihbarkeit von Immobilien keinen Unterschied mehr zwischen Holz- und Massivbau zu machen. Aber insbesondere in ländlichen Räumen, ursprünglich den traditionellen Holzbaugegenden, muß sich der Holzbauherr gegen Widerstand durchsetzen.

Anstelle eines Schlußwortes:

»Holz als Baustoff war seit alters für das Baugewerbe von ausschlaggebender Bedeutung. Heute ist es fast in Verruf geraten. Die Gründe hierfür sind schwer zu finden ... Versuchen wir aber Vorurteile abzulegen und sachlich zu prüfen, welche Bedeutung das Holz als Baustoff hat, dann wird man bald erkennen, daß es auch für unsere Zeit ein genauso wertvolles Bauelement ist wie Stein und Eisen. Man wird sich wieder dieses Materials bedienen lernen, aber im neuen Sinne für neue Aufgaben.« (Konrad Wachsmann, 1930)

Bauen mit Holz: Ein wirkungsvoller Beitrag zur Ökologie

von Alfred Wenke

Das Thema ökologisches Bauen ist an sich so umfassend, daß es mindestens ein Buch dieses Umfanges eng bedruckt füllen würde. Hier sollen daher nur zwei Fragen angeschnitten werden. Die erste bezieht sich darauf, inwieweit Bauen mit Holz einen vernünftigen Umgang mit Rohstoffen darstellt, wobei letztendlich auch der Gesamtenergieverbrauch betrachtet werden soll; die zweite Frage dreht sich darum, ob Bauen mit Holz für Mensch und Umwelt verträglich ist.
Beide Fragen lassen sich nicht voneinander trennen, da ein sinnvoller Umgang mit den zur Verfügung stehenden Ressourcen sich auch positiv auf unsere Umwelt und damit unser Lebensumfeld niederschlägt. Die zweite Frage greift zusätzlich den Aspekt der Schadstofferzeugung bei der Herstellung und der Emission von Umweltgiften im eingebauten Zustand auf.

Holz - ein umweltverträglicher Baustoff

Der Baustoff Holz ist ein regenerativer Baustoff, das heißt, er entspringt einer nachwachsenden Rohstoffquelle. Länder, die über eine nachhaltige Waldwirtschaft verfügen, gewährleisten, daß nicht mehr Holz pro Jahr eingeschlagen wird, als in den vorhandenen Waldbestände nachwachsen kann. Von den großflächigen Kahlschlägen sind wir in Deutschland mittlerweile weit entfernt. So gibt es in diesem Land zur Zeit einen Waldbestand, der ca. 30 % der Wirtschaftsfläche bedeckt. In den vergangenen Jahren nahm diese Fläche aufgrund der Flächenstillegungen von landwirtschaftlichen Gebieten weiter zu.

Es sei hier kurz erwähnt, daß sich die Art der Waldwirtschaft in den vergangenen Jahrzehnten dahin geändert hat, daß von den früheren Monokulturen mehr und mehr die artenreichen Mischwaldkulturen angestrebt werden, in denen gerade die weniger konkurrenzstarken Baumarten im Mischwald gezielt gefördert werden. Der Einsatz von Pestiziden und Düngern ist daher im Wald auch sehr gering. Die Forstwirtschaft greift vergleichsweise selten in den Bestand des Waldes ein. Durchforstungen finden im Durchschnitt nur alle zehn Jahre statt, da ein Baum sein Erntealter je nach Art erst nach ca. 40 bis 240 Jahren erreicht hat.

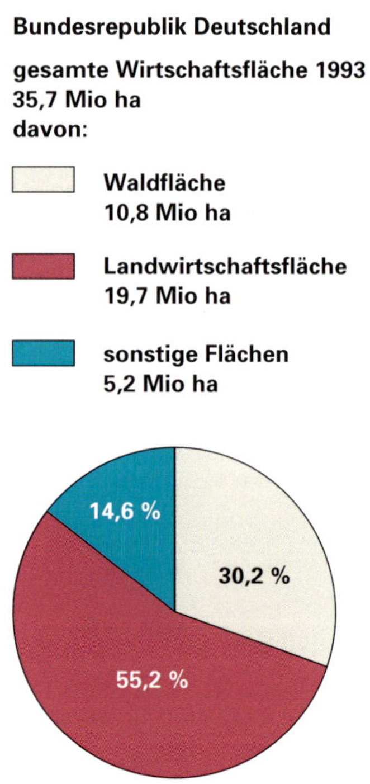

Flächenstruktur in Deutschland
Quelle: AID (Auswertungs- und Informationsdienst für Ernährung, Landwirtschaft und Forsten e. V.) 1993 Forst, Holz Bundesrepublik Deutschland. Bonn - Bad Godesberg

(Quelle: DGfH Deutsche Gesellschaft für Holzforschung e.V. , Holz - ein Rohstoff der Zukunft)

Die Bilanz des Waldbestandes liegt in Deutschland also auf der positiven Seite. Eine maßvolle Steigerung des heimischen Holzverbrauches wäre daher aus dem Aspekt der Bestandserhaltung durchaus noch denkbar. Das vergleichsweise wertvolle Massivholz wird im modernen Holzbau auch sparsam verwendet, da in den verschiedensten Holzwerkstoffen auch Schwach- und Resthölzer verwendet werden können, die noch zu aussteifenden oder verkleidenden Plattenmaterial verarbeitet werden können.

Auch die Gewinnung von Holz als Baustoff ist mit relativ geringen Umweltbelastungen möglich: anfallende Abfälle können weiterverarbeitet oder zur Wärmeerzeugung verwendet werden bzw. in den natürlichen Kreislauf durch Kompostierung zurückgeführt werden.

Die nachfolgende Tabelle gibt einen kurzen Überblick über den Erstellungsenergiebedarf verschiedener Baustoffe. Bezogen ist die Energieeinheit hier auf die Masse des zu erzeugenden Baustoffes:

Baustoff	**Erstellungsenergiebedarf (kWh/t)**
Lehm	0 - 2,5
Holz	5 - 7,5*
Kalksandstein	250
Normalbeton	250 - 300
Hochlochziegel	450
Dachziegel	550
Gasbeton	750
Zement	1 000
Kalk	1 200
Glas	6 000
Kunststoffe	8 200 - 20 000
Aluminium	72 000

* Anmerkg. der Verf.: Nach zahlreichen Untersuchungen liegt der Energieeinsatz bei Bauholz etwa bei 100-150 kWh/m^3 (entspricht ca. 200-250 kWh/t).

Erstellungsenergiebedarf verschiedener Baustoffe[1]

Es scheint zunächst durchaus plausibel, den Energieverbrauch zu messen, der benötigt wird, ein bestimmtes Volumen bzw. eine bestimmte Masse eines Baustoffes herzustellen, doch sind die Baustoffe derart nicht vergleichbar, da man unterschiedliche Massen bzw. Volumen eines Materials benötigt, um das gleiche Produkt herzustellen. Sinnvoller ist es daher, den Energieaufwand für die Herstellung von ähnlichen Fertigteilen mit ähnlicher Lebensdauer zu vergleichen, die aus unterschiedlichen Materialien gefertigt sind. Eine interessante Stellungnahme dazu findet sich dazu in dem Bericht von Prof. Dr. A. Frühwald vom Ordinariat für Holztechnologie der Universität Hamburg in einer Schrift der Deutschen Gesellschaft für Holzforschung e. V. Hier heißt es: »Für konkurierende Materialien ist ein Vergleich des benötigten Energieaufwandes von wirtschaftlichem Interesse, erhält aber auch unter den Aspekten Ressourcenschutz und Minderung ökologischer Belastungen zunehmend an Bedeutung ... Vergleichbarkeit wird dann erzielt, wenn die Produkte die gleiche Funktion erfüllen, etwa die gleiche Lebensdauer aufweisen und annähernd gleiche Nachbehandlungen bzw. Wartung während des Gebrauches erfordern.

Diese Vorgehensweise erfordert eine Lebenswegbilanzierung. Diese muß den gesamten Lebensweg von der Rohstoffgewinnung über Herstellung, Gebrauch, Recycling bis hin zur endgültigen Entsorgung des Materials erfassen.«[2]

Ein Versuch zu einer solchen Bilanzierung wurde von den Autoren K. Weller und S. Rehberg am Fachbereich der TU Berlin schon 1989 erarbeitet, deren Ergebnisse der folgenden Tabelle zu entnehmen sind:

Die Tabelle zeigt den Energieaufwand zum Bau von Wohnungen (100 m^2) in Einfamilienhäusern. Beim Rohbau liegt der Energieaufwand für Gasbetonmauerwerk 25 %, für Ziegelmauerwerk 56 % über dem Energieverbrauch für Holztafelbauweise: beim Ausbau beträgt der Mehrbedarf 12 % bzw. 40 %. Der Gesamtunterschied zwischen Holztafelbau und Ziegelmauerwerk liegt der Tabelle nach bei 65 000 kWh. Dies entspricht einem CO_2-Äquivalent von ca. 30 t. Auch im Energieaufwand während des Nutzungszeitraumes liegt der Holztafelbau niedriger als die Vergleichsvarianten.

	Holztafelbau	**Gasbeton-Mauerwerksbau**	**Mauerwerksbau mit Ziegeln**
Energieaufwand zum Bau (kWh)			
Rohbau	98.336	123.219	151.757
Ausbau	28.670	32.263	40.388
Summe	127.006	155.482	192.145
	100%	**122%**	**152%**
Energieverbrauch in 80 Jahren (kWh)			
	2.192.800	2.207.200	2.322.400
Gesamtaufwand	2.319.806	2.362.682	2.514.545

Energieaufwand zum Bau einer Wohnung (Wohnfläche 100 m^2) und Nutzungsdauer von 80 Jahren[3]

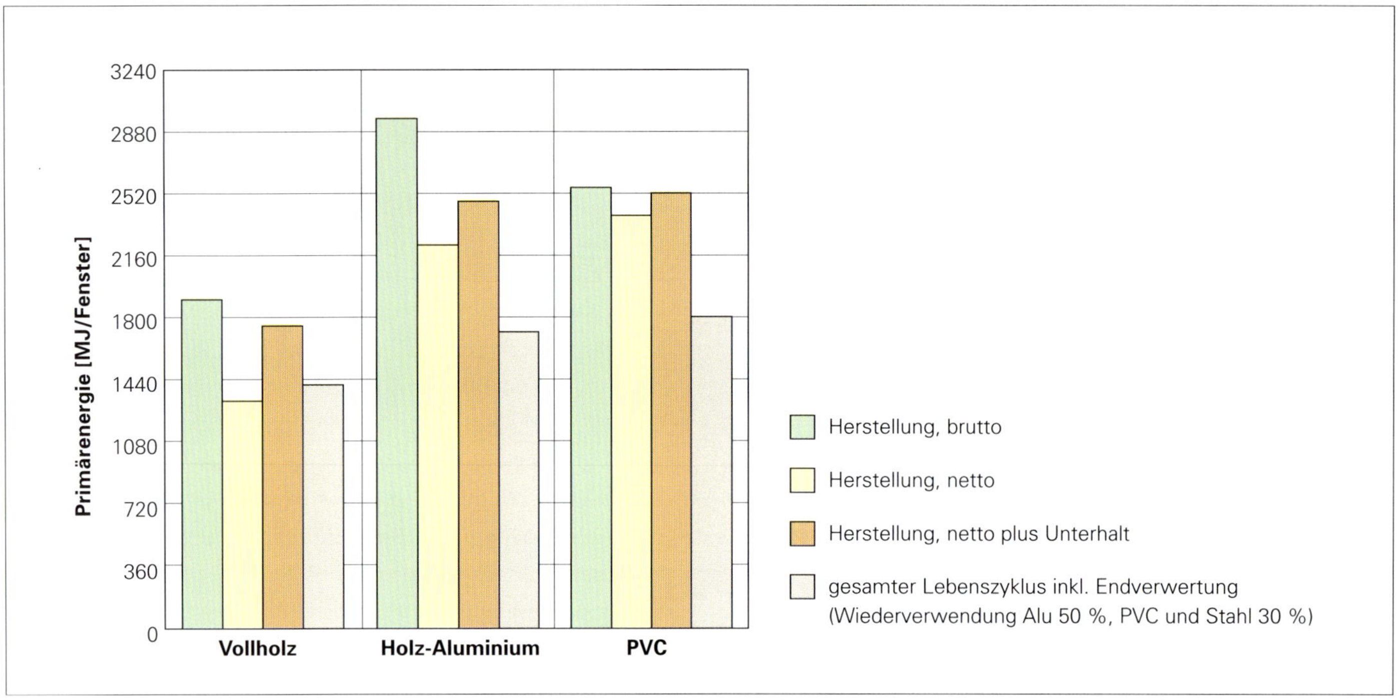

Energieaufwand zur Herstellung eines Fensters mit 2,6 m² Fläche, Nachbehandlung während einer 40jährigen Lebensdauer und der Entsorgung durch thermische Verwertung

Einen anderen Vergleich ziehen die Autoren K. Richter und J. Sell[4] bei Fenstern.

Sie setzen den Energieaufwand zur Herstellung, zum Gebrauch (einschließlich der Wartung) und zur Entsorgung von Fenstern aus Holz, PVC und Holz-Aluminium in Beziehung. Die Ergebnisse zeigt obige Darstellung.

Die Angaben »Herstellung brutto« beziehen den gesamten Energieaufwand einschließlich Energieinhalt der Materialien ein. Bei der »Herstellung netto« ist die Energiemenge abgezogen, die aus der Verwertung von Produktionsreststoffen gewonnen wird. »Herstellung plus Unterhalt« berücksichtigt zusätzlich den Unterhaltungsaufwand während der 40jährigen Lebensdauer (bei allen Fenstermaterialien je 2 x Versiegelung und Falzdichtung ersetzen: bei Holz-Aluminium zusätzlich 2 x innen streichen: bei Holz zusätzlich 2 x innen und 6 x außen streichen). Der gesamte Lebenszyklus schließt die Entsorgung ein, wobei Holz zu 80 % energetisch genutzt, zu 20 % deponiert wird, Stahl und PVC zu 30 %, Aluminium zu 50 % wiederverwertet werden. Es zeigt sich, daß Fenster aus Holz den geringsten Energieaufwand benötigen, auch wenn für die anderen Materialien eine realistische Wiederverwertungsquote und für Holz ein relativ hoher Erhaltungsaufwand angenommen werden.

Die beiden Beispiele lassen den Schluß zu, das die Be- und Verarbeitung von Holz wenig Energie im Vergleich zu anderen Bau- und Werkstoffen benötigt. Im Gebrauch sind Holzprodukte unter Energiegesichtspunkten ausgesprochen vorteilhaft, insbesondere wenn die Wärmedämmeigenschaften eine Rolle spielen. Nachpflege von Holz im Außenbereich (z. B. Lackieren von Fenstern) bedeutet zwar technischen Aufwand und Kosten, auf die Energiebilanz wirkt sich dies aber nur wenig aus. Im Rahmen der Entsorgung von Holzprodukten nach Gebrauch (Altholzverwertung) wird Energie gewonnen, was die Energiebilanz weiter verbessert. Die Substitution energieaufwendiger Bau-und Werkstoffe durch Holz spart Energie ein.

Der Erhalt natürlicher Ressourcen

Nicht erneuerbare, mineralische Ressourcen, die zum Teil nach unserem derzeitigen Kenntnisstand und bei unverändertem Verbrauchsverhalten nur noch sehr absehbare Zeit zur Verfügung stehen, müssen zunehmend so sparsam und effizient eingesetzt werden wie möglich. Als Wertstoffe sollten sie möglichst geschlossenen Kreisläufen zugeführt werden, um sie so dauerhaft und so oft wie möglich nutzen zu können. Eine geschlossene Kreislaufwirtschaft ist aber noch nicht möglich. Dies ist gerade bei den begrenzt zur Verfügung stehenden Mineralien wie Erdöl, Erdgas und Kohle wichtig. Aber auch die verschiedenen Erzvorkommen sind hier zu nennen.

Daneben gibt es weitere mineralische Ressourcen von großer Bedeutung für das Bauen, die, regional betrachtet, dort in ausreichender Menge vorhanden sind und sich auch ideal für eine Kreislaufwirtschaft eignen. Diese Materialien, wie Kalk, Sand, Gips und Lehm, sind regional verfügbar und bedürfen neben dem vergleichsweise höheren Energieaufwand bei der Veredelung zum Baustoff (z. B. Mauerstein oder Zement) auch einen nicht unbeträchtlichen Energieeinsatz für den Transport.

Erneuerbare Ressourcen, wie Holz und andere Biomassen, stehen ebenfalls nicht uneingeschränkt zur Verfügung, doch gibt es hier die Möglichkeit, durch eine entsprechende Bewirtschaftung der Bodenflächen diesen Rohstoff auf weiten Teilen dieses Planeten und im europäischen Raum im besonderen im ausreichenden Maße zur Verfügung zu stellen. Hier kommt es darauf an, daß diese Bewirtschaftung in einem sinnvollen Verhältnis betrieben wird und nicht nur die wirtschaftliche Beforstung im Vordergrund steht, sondern diese Fläche auch als gesundes, sich selbst erneuerndes Ökosystem funktioniert.
Die Tabelle gibt die Anzahl von Jahren an, in denen die Ressource nach derzeitigem Kenntnisstand verfügbar sein wird. Zur Einbeziehung in eine Ökobilanz könnte man z. B. folgende Klassifizierung aufstellen:

Ressourcenverfügbarkeit[5]

1: kritisch
Ressource ist weniger als 50 Jahre verfügbar.
Maßnahme: sofort nach Alternativen suchen

2: ungünstig
Ressource ist noch 150 Jahre verfügbar
Maßnahme: nach Alternativen suchen

3: günstig
Ressource ist unter Einhaltung bestimmter Maßnahmen permanent verfügbar
Maßnahme: nach Recyclingmöglichkeiten suchen

4: sehr günstig
Es handelt sich um eine erneuerbare Ressource.
Maßnahme: nachhaltige Bewirtschaftungssysteme sicherstellen.

Wie gesund ist Bauen mit Holz

Holzbauten sind durch die Behandlung mit den Produkten Lindan und PCB als Holzschutmittel Mitte der 80er Jahre in Verruf gekommen. Auch die Leime der Plattenmaterialien führten bei vielen Bewohnern von Häusern, die mit derartig behandelten Platten verkleidet waren, zu allergischen Reaktionen. Diese Probleme gibt es heute nicht mehr. So hat z. B. die neue DIN 68800 beim Holzschutz strenge, konkrete Bedingungen geschaffen, die Bauen mit Holz wieder in einem positiven Licht erscheinen lassen. Zu den Problemen des baulichen Holzschutzes und der Leime in Holzwerkstoffen sei hier kurz das Folgende erwähnt.

Leimhaltige Bauteile

Plattenwerkstoffe wie Furnier-, Tischler-, Span- und Faserplatten werden in großen Mengen im Bauwesen und zur Fertigung von Möbeln eingesetzt. Mengenmäßig der wichtigste Werkstoff ist die Spanplatte, deren Produktion in Deutschland 1995 über 8,7 Mio m^3 betrug, gefolgt von den Faserplatten (Hartfaser-, MDF-, Weichfaserplatten).[6]
Die Entwicklung des Plattenmaterials machte es erst möglich, Holz so effektiv zu verwerten, da zur Herstellung von Span- und Faserplattenmaterial zum Großteil Resthölzer aus der Schnittholz- bzw. der Brettschichtholzherstellung (70 %) verwendet werden, aber auch Industriehölzer aus Durchforstungen (20 %) Erst neue Entwicklungen eröffnen die Möglichkeit, in einem Recyclingprozeß (10 %) aus alten Span- und Faserplatten wieder neue Platten herzustellen.[7]
Wichtigster Hilfsstoff zur Herstellung der Plattenwerkstoffe ist der Holzleim, dessen Bestandteil Formaldehyd zur Vernetzung der einzelnen Moleküle führt. Bei der Herstellung von Spanplatten werden zwischen 5 und 10 % Klebstoff, bezogen auf die Holzmasse, eingesetzt. 90 % aller eingesetzten Klebstoffe sind Harnstoffharze: der Rest verteilt sich auf Phenol- und Mischharze sowie geringe Mengen an Disocyanat-Klebstoffen Der Formaldehydgehalt der Harnstoff-, Phenol- und Mischharze konnte in den letzten Jahren deutlich gesenkt werden, so daß die Vorschriften zur Formaldehydemission in jedem Fall erfüllt werden. Mittlerweile sind die Eigenschaften von Formaldehyd weitgehend untersucht. Geruchsempfindliche Menschen nehmen bereits eine Konzentration von 0,05 ppm (ppm = parts per million = Teile auf eine Million) wahr. Die allgemeine Geruchsschwelle liegt bei 0,1 ppm. Bei 0,3 ppm können Schleimhautreizungen der Augen auftreten. Formaldehyd ist als Stoff mit begründetem Verdacht auf krebserzeugendes Potential eingestuft. 1992 stellte das Bundesgesundheitsamt nach epidemiologischen Untersuchungen und Tierversuchen fest, daß die vorliegenden Daten nicht dazu geeignet sind, eine kanzeroge Wirkung am Menschen nachzuweisen. Eine allergene Wirkung im Bereich der Atemwege ist nicht sicher belegt, Kontaktallergien, die z. B. durch Cremes erzeugt werden, sind bekannt.[8]

Holzschutz im Hochbau

Seit 1996 gilt die neue DIN 68800 (Holzschutz im Hochbau zur Verhütung zerstörender Einflüsse durch Pilze und Insekten) gleichermaßen für Holz und Holzwerkstoffe. Kritische Anwendungsbereiche für Holzwerkstoffe, in denen sie weder tragend noch aussteifend eingesetzt werden dürfen, gelten dabei wie folgt:

- Beschichtete, den Niederschlägen ausgesetzte Spanplatten, mit Ausnahme bei werksseitig vorgefertigten Außenwänden für Fertighäuser.
- Holzwerkstoffe mit direkt aufgebrachtem, wasserabweisendem Belag (z. B. Fliesen) in Bereichen mit starker direkter Feuchtebeanspruchung der Oberflächen.
- Holzwerkstoffe in Neubauten, z. B. Massivbauten mit sehr hoher Feuchteabgabe, sofern die ständige Einhaltung einer Holzfeuchte von unter 18 % nicht sichergestellt ist.
- Holzwerkstoffe in Räumen, in denen eine längerfristig wirken-

de relative Luftfeuchte von über 80 % nicht ausgeschlossen werden kann, z. B. in geschlossenen Stallbauten.[9]

Die DIN empfiehlt für die Anwendung im frei bewitterten Außenbereich einen ausreichenden konstruktiven Holzschutz. Hier soll sichergestellt werden, daß Niederschläge vom Holz entweder schnell abgeleitet oder ganz ferngehalten werden. Alle, den Niederschlägen ausgesetzten Holzwerkstoffe müssen mit einem ausreichenden dauerhaften und wirksamen Holzschutz versehen werden.

Nach der DIN besteht bei einer Holzfeuchte von weniger als 10% keine Gefahr des Insektenbefalls. Der kritische Wert für den Befall durch holzzerstörende Pilze liegt bei einer Holzfeuchte von über 20 %. Wenn konstruktiv sichergestellt ist, daß diese Werte langfristig nicht überschritten werden, kann auf einen vorbeugenden chemischen Holzschutz verzichtet werden. Bei entsprechenden Schutzmaßnahmen während des Transports und an der Baustelle ist dies bei Holzwerkstoffen, zumindest was den Pilzbefall angeht, in der Regel gewährleistet. Im Teil 5 der DIN 68800 wird festgestellt, daß die Holzwerkstoffe unterschiedlich durch Insektenbefall gefährdet sind. Eine chemische Schutzbehandlung von Holzwerkstoffen ist eine vorbeugende Maßnahme, die in Ergänzung zu den baulichen Maßnahmen nach DIN 68800, Teil 2 dann erforderlich ist, wenn aufgrund der klimatischen Bedingungen langfristig ein höherer Gleichgewichts-Feuchtegehalt (mehr als 18%) bzw. eine Befeuchtung der Platte möglich ist, die eingedrungene Feuchtigkeit nur über einen längeren Zeitraum entweichen kann und somit die Gefahr eines Pilzbefalls gegeben ist. Chemische Schutzmaßnahmen müssen im Werk erfolgen. Mit Ausnahme dieser Einschränkung, bzw. wenn die Bauteile zugänglich sind und daher auf Insektenbefall kontrollierbar sind, erlaubt die DIN 68800 nach der im Teil 3 beschriebenen Gefährdungsklassen den Verzicht auf einen chemischen Holzschutz.

Weitere Anforderungen

Die Entwicklung in den letzten Jahren zeigt, daß insgesamt eine wesentlich größere Sensibilität im Hinblick auf die gesundheitlichen Auswirkungen verschiedener Baustoffe auch beim Gesetzgeber erreicht wurde. Das schlechte Image, das dem Holzbau durch hohe Formaldehydkonzentrationen in leimhaltigen Holzbaustoffen und Holzwerkstoffen bzw. durch chemische Holzschutzmittel in raumseitigen konstruktiven Bauteilen erwuchs, konnte offensichtlich abgebaut werden. Ein wichtiger Punkt ist dabei der Versuch, dem Bauherren die Zusammensetzungen der Baustoffe und die Behandlungsart der Hölzer mit Holschutzmitteln transparenter zu machen. Im Bereich des Holzschutzes besteht hier beispielsweise eine Kennzeichnungspflicht der Bauteile, die in irgend einer Weise einer Schutzmaßnahme unterzogen worden sind. Konstruktive Maßnahmen können weitere Emissionsgefährdungen innerhalb geschlossener Aufenthaltsräume weiter reduzieren bzw. ausschließen.

Daneben gibt es auch Bestrebungen seitens verschiedener Organisationen, die sich einem wohnklimatisch gesunden Holzbau verschrieben haben und versuchen, hier Gütebestimmungen zu formulieren und festzulegen.

So entwickelte z. B. der Arbeitskreis ökologischer Holzbau e. V. ein Gebäudesiegel für Holzrahmenhäuser, denen ein einheitlicher Qualitätsstandard zugrunde liegt. Mit dem Gebäudebrief unternimmt der Verein den Versuch, Licht in den verwirrenden Dschungel verschiedener Zertifikate, Siegel usw. zu bringen. Der Gebäudebrief umfaßt einerseits Merkmale, die über die verwendeten Baumaterialien und Schutzmaßnahmen Bescheid geben, gibt aber auch Hinweise zum Energieverbrauch und zur Leistungsfähigkeit des Hauses.

Die Anforderungen werden hier also noch weiter definiert. Es geht nicht nur darum, langlebige Konstruktionen aus Materialien mit unkritischen Prozeßketten in hoher Qualität zu planen und zu bauen, die mit geringem Energieaufwand erstellt wurden. Es sollte dabei auch ein Haus entstehen, das zudem ein Niedrigenergiehaus ist, sich also in seiner Nutzung durch einen geringen Energieeinsatz auszeichnet ... Das können Holzhäuser durch ihre klassisch verwendeten Schichtenfolgen im Wandaufbau sehr gut leisten.

Ebenso wird unterschätzt, wie wichtig die Möglichkeit des Rückbaus ist: Holzhäuser können selektiv zurückgebaut werden, d. h., sie können nach der Nutzungsphase wieder in ihre Bestandteile zerlegt und stofflich oder thermisch verwertet werden.

Holzhäuser der Architekten Wagner und Wanner, Unterviehbach bei Landshut (s. auch Beitrag Sieben mal Holz)

Kostengünstiges Bauen - Bauen mit Holz?

von Alfred Wenke

Wohnungsbau tut not. Im Bereich des kostengünstigen Mietwohnungsbaus sind noch große Lücken zu füllen, die bis über das Jahr 2000 noch größer werden sollen. Der bayerische Modellversuch unter dem Titel: »Modellvorhaben Mietwohnungen in Holzbauweise« prüfte, inwieweit sich die Holzbauweise im mehrgeschossigen Mietwohnungsbau kostengünstig einsetzen läßt. Als Kostenobergrenze für die Kostengruppen 300 und 400 der DIN 276 waren 1 800.- DM/m^2 inkl. MwSt. Wohnfläche festgesetzt worden.

Das Ziel des Modellvorhabens, Wohnungen zu errichten die benutzerfreundlich sind, ein qualitätvolles Wohnumfeld besitzen und in kostensparender Bauweise entstehen, ist durchaus erreicht worden. Das Ergebnis hat gezeigt, daß es zu diesem Preis möglich ist, qualitätvolle Wohnungen in kurzer Zeit zu erstellen. Doch warum hat sich dieses Modellvorhaben gerade mit dem Holzbau beschäftigt? Nachfolgend werden einige Aspekte erörtert, die für das kostengünstige Bauen ausschlaggebend sind. Eine eindeutige Fokussierung auf den Baustoff Holz ist dabei nicht möglich, da kostengünstiges Bauen von mehr als nur der Baustoffwahl abhängt.

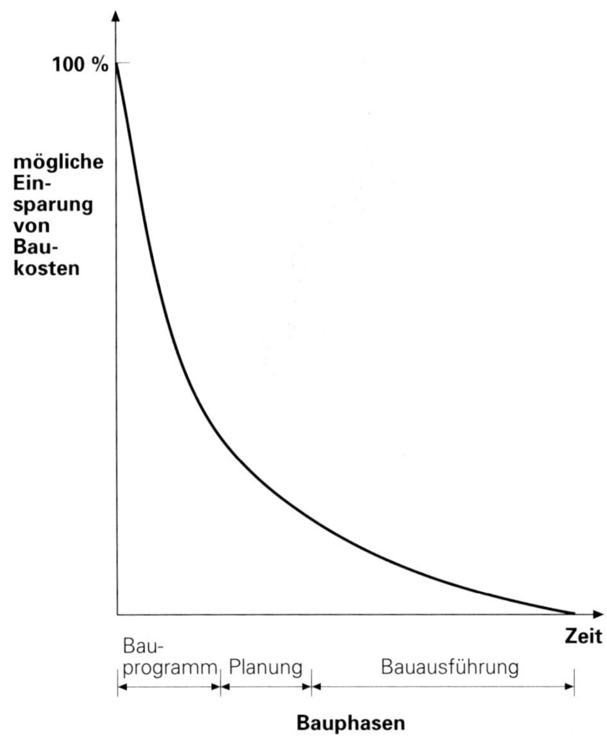

Einsparungsmöglichkeiten von Baukosten in den Bauphasen

100 % der Baukosten sind zu Beginn der Festlegung des Bauprogramms einzusparen, wenn nicht gebaut wird. Mit jeder weiteren Entscheidung vermindern sich die Einsparungsmöglichkeiten, bis schließlich bei Fertigstellung des Bauvorhabens keine Einsparung mehr möglich ist. Das Bild zeigt, daß die deutlichsten Ansatzpunkte für Einsparungen in den Phasen der Festlegung des Bauprogramms und der Planung gegeben sind.

Quelle: Deutsches Institut für Wirtschaftsforschung u. a. (Hrsg.) Enquete über die Bauwirtschaft, Stuttgart 1973

Kosten sparen, aber wie

Die Planung

Die wichtigsten Aspekte der Kostenreduzierung beim Bauen sind die drei folgenden Punkte, die zunächst gar nichts mit Holzbau zu tun haben:

1. ein effizient bemessenes Raumprogramm,
2. ein einfacher, klarer Entwurf und
3. ein rationeller Bauablauf, bei dem die Gewerke möglichst entflochten sind.

Diese drei Faktoren können nur optimiert werden, wenn ein guter Informationsaustausch zwischen allen Beteiligten gerade in der Planungsphase stattfindet. Grundlage einer kostengünstigen Planung ist ein Grundriß, der in Größe, Zuschnitt und Zuordnung optimiert ist. Jeder Quadratmeter, der gespart werden kann, reduziert die Baukosten um ca. 2 000.- DM. Ein gut geschnittener Grundriß zeichnet sich dadurch aus, daß er mit einem sehr reduzierten Verkehrsflächenanteil und einem geringen Wandflächenanteil auskommt. Das kommt direkt der Wohnfläche zugute und spart Konstruktionsflächen. Darüber hinaus sind klar geschnittene Grundrisse auch mit einfachen Baukonstruktionen zu bewältigen, die leicht vorgefertigt werden können und auch dadurch geringere Kosten verursachen. Der Grundriß steht am Anfang jedes Bauvorhabens und ist einer der Faktoren, die die Baukosten zu einem erheblichen Teil festlegen. Ist die Entwurfsplanung erst einmal abgeschlossen, sind ca 70 % der Baukosten fixiert. Diese Tatsache ist sehr wichtig, will man vergleichen, welche Bauweise - der Massivbau oder der Holzbau - kostengünstiger ist. Denn nur noch um ca. 30 % der Bausumme können nach der Grundrißfindung beeinflußt werden.

Die Bauweise

Der Grundsatz, in der Materialwahl des Gebäudes einheitlich zu bleiben, ist nicht nur aus ästhetischen Gesichtspunkten überlegenswert. Ist ein Haus als reines Holzhaus konzipiert, so daß in konventioneller Bauweise nur relativ geringfügige Arbeiten wie Streifenfundamente oder Fundamentplatte errichtet werden müssen, kann auf den Rohbauunternehmer fast verzichtet werden, und man reduziert die Kosten der Baustelleneinrichtung. Neuere Beispiele zeigen, daß in solchen Fällen durch geschickt organisierte Baustellenlogistik ein fest installierter Baukran unnötig wird, da die Errichtung des Rohbaus innerhalb weniger Tage mit einem Mobilkran geschieht. Im Vergleich zu einer Mischkonstruktion mit ca. 50 % Massivbauanteil und damit längerer Standzeit einer aufwendigeren Baustelleneinrichtung spart man beim Holzbau aufgrund des geringeren Baustellenaufwandes und der geringeren Standzeit Kosten.

Serie und Vorfertigung

Um Baukosten zu reduzieren, wird im Wohnungsbau schon etwa seit Beginn dieses Jahrhunderts mit serieller Vorfertigung bestimmter Bauteile experimentiert und letztlich auch gearbeitet. Aufgrund seines im Vergleich zum Massivbau niedrigen Gewichtes bietet sich der Baustoff Holz zur Vorfertigung von Tafelelementen, die auf der Baustelle nur noch montiert werden müssen, besonders an.
So ist die Holztafelbauweise ein wichtiger Schritt auf dem Weg, das Bauen kostengünstig zu gestalten. Der Herstellungsprozeß wird von der witterungsabhängigen Baustelle in die witterungsunabhängige, präziser und schneller arbeitende Produktionshalle verlagert. Schon zu Beginn dieses Jahrhunderts versuchte man mit verschiedenen Baumaterialien, Einzelbauteile zu mehr oder weniger großen Flächenbauteilen zusammenzufassen und sie mit allen notwendigen Ver- und Entsorgungsleitungen sowie Türen und Fenstern zu bestücken, die auf der Baustelle mit ein-

Das General-Panel-System mit seinen prinzipiellen Verbindungselementen von Wand-, Boden- und Deckenelementen

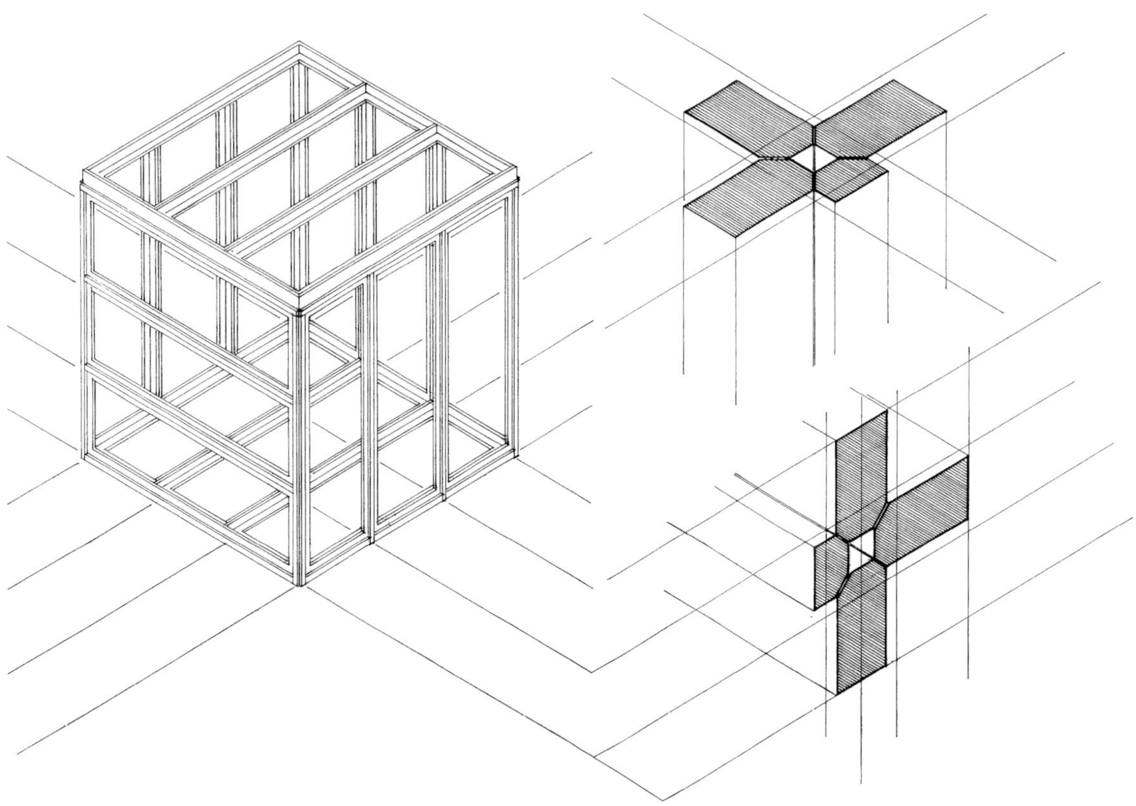

fachen Verbindungselementen zusammengefügt werden können. Diesen Ansatz haben die Architekten Walter Gropius und Konrad Wachsmann bereits um 1940 mit dem »Packaged-House-System« angewendet. Das Prinzip hat sich bis heute nur geringfügig geändert. Die Verbesserungen liegen hier vorwiegend in der Verwendung neuer Materialien für Dämmung und Verkleidung sowie bei den vergrößerten Elementformaten. Beschränkte man sich zu Entwicklungszeiten dieser Systeme auf geschoßhohe Elemente, so sind die Bauteile mittlerweile bis zu drei Geschosse hoch.

Die Vorfertigung ermöglicht eine Entflechtung der Produktionsabläufe. Während auf der Baustelle die Grundkonstruktionen wie Keller und Fundamentplatte sowie die Grundleitungen der ver- und entsorgenden Systeme erstellt werden, entstehen gleichzeitig in der Werkstatt die Bauteile wie Fassadenelemente, Decken- und Innenwandelemente, die dann vor Ort in relativ kurzer Zeit zusammengefügt werden können. Die parallel laufende Arbeit auf der Baustelle und in der Werkstatt ergeben wesentlich kürzere Bauzeiten, die sich kostensparend auswirken.

Die Ausstattung

Hier geht es zunächst um die Frage, ob auf die Unterkellerung verzichtet wird oder ob an Stelle einer Garage ein Carport genügt. Die Entscheidung für oder gegen einen Keller läßt sich nicht pauschal treffen, da es hier sehr auf die örtlichen Bedingungen ankommt. Ein Keller in felsigem Baugrund erhöht die Baukosten enorm, während auf einem kleinen Grundstück mit hohem Bodenpreis der Bau eines Kellers aus Kostengründen eher zu erwägen ist, um sich die knappe Grundstücksfläche nicht mit den notwendigen Abstellflächen zuzubauen. Vergleichsweise ist die Fläche, die im Keller entsteht, kostengünstiger als die Wohnfläche im Erdgeschoß und Dach. Als Souterrain ausgebaut stehen hier bei entsprechender Raumhöhe und Belichtungsmöglichkeit zusätzliche Raumflächen für einen späteren Ausbau zur Verfügung. Allgemein kann man sagen, daß durch das Weglassen des Kellers bei einem Einfamilienhaus durchschnittlicher Größe bei unproblematischen Gründungsverhältnissen Baukosten im Bereich von 30 000,- bis 50 000,- DM einzusparen sind. Die Garage bzw. der Carport ist eine Investition, die dagegen problemlos auf später verschoben werden kann. Hier gibt es nicht das Problem, eine Entscheidung treffen zu müssen, die nicht mehr rückgängig zu machen ist. Geld sparen läßt sich auch bei der Ausstattung der Sanitärräume. Diese Räume sind beim Wohnhaus die teuersten Räumen, da sie am aufwendigsten installiert sind. Hochwertige Armaturen und Luxusausführungen bei den Sanitärobjekten schlagen finanziell stark zu Buche. Die weiße Grundausstattung in Normmaßen ist im Vergleich dazu

Zweigeschossiger Wohnungsbau in Holzbauweise aus fassadenhohen Dickholzelementen
Architekten: Werkgemeinschaft H. Schröder, S. Widmann

wesentlich günstiger und platzsparender. Ob und wie weit die einzelnen Sanitärräume gefliest werden müssen, betrifft einen weiteren Aspekt des Kostensparens. Im Detail kann man diese Liste noch viel weiter führen, da bei der Ausstattung jede Oberfläche durch ein preisgünstiges Produkt ersetzt werden kann, ohne daß das Haus dadurch »billig« wird. So können statt Parkettbelag ein Holzdielenboden oder ein Linoleumbelag eingebaut werden, Wände müssen nicht tapeziert werden, sondern können als Trockenbauwand nur gespachtelt und gestrichen sein oder als gemauerte Wand nur geputzt und gestrichen werden.

Der Bauablauf

Ein wichtiger Faktor, der die Baukosten reduzieren kann, liegt darin, nach Planungsabschluß keinerlei Änderungen mehr zuzulassen. Sobald der Bau beginnt, erhöhen sich durch jede Planungsänderung die Erstellungskosten. Sind Änderungen bei der handwerklichen Arbeit nur ärgerlich, aber machbar, so können diese natürlich bei einer rationellen Vorfertigung zum finanziellen Fiasko werden und verbieten sich daher von selbst. Sonderwünsche sind bei der Vorfertigung von Bauelementen ebenfalls ein kostensteigernder Faktor, da dadurch gleiche Elemente wieder verschieden werden. Wäre es möglich, den Ausbaustandard auf bestimmte Grundelemente zu reduzieren und damit Wohnungen auf einen einheitlichen, bewohnbaren Standard zu beschränken, könnten Kosten gespart werden. Sonderwünsche, die sich im Innenausbau auf die Baukosten niederschlagen, könnten dann von jedem Bauherren selbst übernommen werden und zu einem Zeitpunkt geleistet werden, wo sie den Geldbeutel nicht mehr so belasten.

In Eigenleistung

Durch Eigenleistung können die Kosten spürbar gesenkt werden. Je nach Art und Umfang kann hier der Bauherr durch seine Muskelhypothek die Baukosten um 10-30 % senken. Man darf dabei aber nicht verkennen, daß diese Ersparnis mit einem erheblichen Zeitaufwand verbunden ist und handwerkliches Können vorraussetzt. Daneben ist ein erheblicher Organisationsaufwand erforderlich, der bis zur Beschaffung der notwendigen Maschinen reicht.

Gerade für Eigenleistungen bietet sich der verarbeitungsfreundlichere Holzbau sehr gut an. Sobald das Rahmenwerk erstellt ist bzw. die Fertigelemente aufgestellt und montiert sind, kann der Selbstbauer beim Hausbau mitwirken. Das beginnt beim Aufstellen von Ständerwänden im Trockenbauverfahren und hört bei den Oberflächen wie Fußböden und Fliesenbekleidungen auf. Diese Art der Kostenreduzierung soll aber nicht mit einer Reduktion des Standards einhergehen. Auch darf es nicht darauf hinauslaufen, daß zeitintensive Detailarbeit auf den Bauherren bzw. Nutzer abgewälzt werden soll. Diese Methode sollte nur dazu dienen, Sonderwünsche aus dem sinnvoll notwendigen Ausbau-

standard herauszunehmen und dem Bauherren die Möglichkeit zu geben, durch eigenes Dazutun Geld zu sparen.

Bauen mit neuen Technologien

In den letzten Jahren sind Technologien im Holzbau entwickelt worden, die den Baustoff noch lukrativer werden lassen. Zu nennen sind hier u. a. Dickholzelemente und Brettstapeldecken, also Baukonstruktionen, die Holz vom Stab- zum Flächenbaustoff werden lassen. Diese Bauelemente machen es möglich, auch Hölzer von geringerer Qualität zu verwenden. Die verleimten bzw. zusammengenagelten Bretter der Dickholzwände oder Brettstapeldecken wirken statisch so als Verbund, daß einzelne minderwertige Bretter des Elementes in der Gesamtbilanz das Tragverhalten nicht negativ beeinflussen. Diese verhältnismäßig schweren Holzelemente haben auch bei geringerem Aufwand einen besseren Schallschutz im Vergleich zur leichteren Holzrahmenkonstruktion.

Kostenvergleich Massivbau - Holzbau

Der konventionell betriebene Massivbau, der hierzulande beim Bau von Ein- und Mehrfamilienhäusern eingesetzt wird, basiert im wesentlichen noch immer auf dem handwerklichen Bereich, d. h., daß in vielen Fällen in traditioneller Weise Stein auf Stein gesetzt wird. Doch auch hier gibt es in den letzten Jahren Entwicklungen in der Verlegetechnik, die es mit Versetzgeräten möglich machen, in wesentlich kürzerer Zeit große Wandflächen zu mauern. Hier wird der Bauablauf mehr und mehr zum logistischen Problem, das darin besteht, genaue Wandbausätze zu liefern, die vor Ort präzise versetzt werden.
Vergleicht man nun die Baukosten, die beispielsweise der Bau eines Mehrfamilienwohnhauses in konventionell erstellter Massivbauweise verursacht, mit denen, die für ein gleichgroßes Bauvorhaben als konventionell errichtetes Holzhaus entstehen, so wird man keinen großen Unterschied erkennen. Die Unterschiede ergeben sich mehr aus regionalen Eigenheiten und der Leistungsfähigkeit der örtlichen Handwerksbetriebe. Besteht aber beispielsweise die Möglichkeit, bei der Holzbaulösung durch einen entsprechend leistungsfähigen Zimmereibetrieb einen großen Teil der Bauproduktion durch Vorfertigung einzelner Bauteile in die Werkstatt zu verlegen, wird der Holzbau entsprechend kostengünstiger herzustellen sein. Selbstverständlich wird ein ähnlicher Gewinn auch denkbar, wenn man im Massivbau ähnlich rationelle Arbeitsmethoden einsetzen würde.
Ein Blick auf eine überschlägige Kostenschätzung für Bauelemente macht dies deutlich. Betrachtet man isoliert die Kosten für einen Quadratmeter Außenwand, einmal in Massivbauweise aus

Ziegelmauerwerk mit beiderseitigem Putz und im anderen Fall in Holzbauweise als Ständerkonstruktion mit Dämmung, Dampfsperre, Gipskartonschalung innen und Holzschalung außen, so wird man in beiden Fällen zunächst annähernd den gleichen Preis einsetzten können.

Kriterien des kostenbewußten Bauen

Kostenbewußt zu planen und zu bauen heißt nicht in erster Linie, die Entscheidung zu treffen, den Bau in Holz oder in Stein auszuführen. Kostenbewußtes Planen fängt vielmehr beim Entwurf an. Die grundlegenden, kostenrelevanten Entscheidungen liegen bei der Konzeption des Hauses und damit zunächst noch vor der Entscheidung, ob das Gebäude als Holzbau oder als Mauerwerksbau entstehen soll. Generell läßt sich sagen, je weiter der Planungs- und Bauprozeß entwickelt ist, um so geringer sind die Möglichkeiten, die Entwicklung der Herstellungskosten zu beeinflussen.

Der Holzbau beinhaltet einen Vorteil. Die Arbeit des Zimmermanns erfordert traditionell eine größere Arbeitsvorbereitung als die des Rohbauunternehmers, und das Aufstellen eines Rahmenwerkes geschieht in kürzerer Zeit als die Erstellung eines vergleichbaren Rohbaus in konventioneller Bauweise. Damit bringt der Holzbau einen gewissen Zeitvorteil mit sich. Er wird um so günstiger, je mehr solche Zeitgewinne durch Rationalisierung der Herstellungstechniken wirksam werden können. Damit wird die Entscheidung für eine Holz- bzw für eine Stahlkonstruktion, die sich durch kürzere Bauzeiten bemerkbar machen, mit kostenentscheidend. Hier sind aber die entsprechenden Parameter auch von Standortfaktoren abhängig, wie der Leistungsfähigkeit der örtlichen Handwerksbetriebe oder der Bezugsmöglichkeit von Rohstoffen. Auch die Bauaufgabe ist entscheidend, welche Bauweise von den Unternehmern günstiger angeboten wird. Ganz sicher ist der Wohnungsbau an sich eine Bauaufgabe, die gut durch Holzbausysteme realisiert werden kann.

Ein Blick in die USA zeigt ein ganz anderes Bild. Matt Driscoll, Architekt aus Seattle, hat in einem Vortrag an der Technischen Universität in Graz im April 1996 einen Vergleich des europäischen mit dem nordamerikanischen Wohnungsbau gezogen. Er hatte die Möglichkeit, in Deutschland ein Projekt im sozialen Wohnungsbau nach amerikanischem Standard zu erstellen. Driscoll erreichte hier Baukosten von ca. 1 600,-DM/m^2 Wohnfläche, was für deutsche Verhältnisse sehr kostengünstig ist. Dennoch war das Projekt mehr als doppelt so teuer als es in den Vereinigten Staaten gewesen wäre.

(Quelle: Holzbausysteme im Wohnungsbau, Symposium 1996, HRSG. P. Schneibmayer TU Graz, A)

Viergeschossiger Wohnungsbau aus Holz. Architekt: Herbert Meyer-Sternberg, München. Die Baukosten betrugen ca. 1 720,-DM/m^2 Wohnfläche inkl. MwSt. Das Haus ist nach nordamerikanischem Muster gebaut und auf deutschen Standard abgewandelt . Der Brandschutz ist durch eine Sprinkleranlage sichergestellt. Die Ausführungsplanung entstand unter Mitwirkung der Architekten Driscoll Architects, Seattle, USA.

Entwicklungen im Holzbau

von Dipl.-Ing. Stefan Winter, Lauterbach
Fachberater der ARGE Holz e. V. in Hessen

Unzweifelhaft ist seit Beginn der neunziger Jahre in den Holzbau, insbesondere in den Holzhausbau, enorme Bewegung geraten. Die vermehrte Berücksichtigung des Bauens mit Holz durch öffentliche und nichtöffentliche Bauherrschaften wurde durch eine Reihe von nahezu zeitgleich eintretenden, positiven Begleitumständen begünstigt. Auf der einen Seite sind das gestiegene ökologische Bewußtsein der Bevölkerung und die damit verbundenen Tendenzen zum Niedrigenergiebauen und dem Einsatz nachwachsender Rohstoffe ein wichtiges Kriterium. Auf der anderen Seite gab und gibt es umfassende Bemühungen bei den mit dem Holzbau befaßten Kreisen zur Förderung und Weiterbildung aller Baubeteiligten. Nicht zuletzt wurde im Zuge der europäischen Normung ein beachtliches Potential an Forschungen und Entwicklungen freigestellt. Dazu kamen neue Werkstoffe aus Holz. Sie eröffneten gestalterische und technische Optionen, die bisher kaum denkbar waren. Über einige der wichtigsten Produkte und Produktgruppen soll nachfolgend stichpunktartig informiert werden und abschließend ein Ausblick in die zukünftigen Entwicklungen gewagt werden.

Konstruktionsvollholz - Brettschichtholz - Konstruktionsholz - Kreuzholz

Konstruktionsvollholz (KVH) ist von den Anforderungen her eigentlich keine Innovation. In anderen europäischen Ländern sind ähnliche Nadelholzprodukte längst Tradition, die Herstellung von Schnittholz anders kaum vorstellbar. In allen skandinavischen Ländern und in Nordamerika sowie in Großbritannien sind die hier formulierten Anforderungen schon seit Jahrzehnten Selbstverständlichkeit. Für die wichtigsten technischen Eigenschaften gilt das auch für die Bundesrepublik. Die Vereinbarung der Sägewerksindustrie mit den Zimmererverbänden zu Konstruktionsvollholz faßt mit wenigen Ausnahmen lediglich die Anforderungen von DIN 4074 (Festigkeitssortierungen)[1], DIN 68 365 (Güteanforderungen)[2], DIN 18 334 (Güteanforderungen)[3] und DIN 1052 (Holzbaubemessung)[4] zusammen. Zusätzliche Anforderungen wurden beispielsweise nur zur Maßhaltigkeit und zur Einschnittart aufgenommen. Die wichtigsten Merkmale sind nachfolgend zusammengefaßt. Weitere Informationen können[5] entnommen werden.

Die wichtigsten Produktmerkmale von KVH:

- trocken - Holzfeuchte um = 15 % ± 3 %
- maßhaltig - Querschnittstoleranz ± 1 %
- festigkeitssortiert - DIN 4074 S10
- Anforderungskategorien für
  - sichtbare Bereiche: gehobelt - gefast - kernfrei - scharfkantig
  - nicht sichtbare Bereiche: egalisiert - kerngetrennt
- weitere definierte Eigenschaften
  z. B. Krümmung, Harzgallen, Endbearbeitung etc.

Der Einsatz von Konstruktionsvollholz ist letztendlich die Grundvoraussetzung für schadensfreien Holzbau und für den Verzicht auf vorbeugend chemischen Holzschutz nach DIN 68 800 Teil 2[6] und Teil 3[7]. Neu für den Holzbau ist, daß erstmals in großem Umfang Vorzugsmaße angeboten werden. Sie ermöglichen eine Produktion im voraus und nicht mehr - wie bisher - die ausschließliche Herstellung nach Bauholzlisten. Diese Definition von Vorzugsmaßen, die im Stahlbau oder in anderen Bauarten längst allgemein gebräuchlich ist, hat eine umfangreiche Vorratshaltung beim Handel ausgelöst und scheint sich allmählich durchzusetzen. Die Verfügbarkeit sinnvoller Holzqualitäten ist damit kein Problem mehr.
Konstruktionsvollholz wird teilweise in der Länge keilgezinkt angeboten. Für diese Keilzinkung ist eine Leimgenehmigung C nach DIN 1052 erforderlich. Es entstehen dadurch Hölzer bis zu 15 m

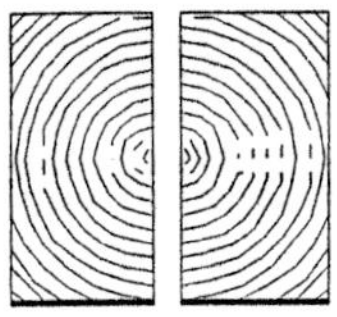

KVH-NS kerngetrennt

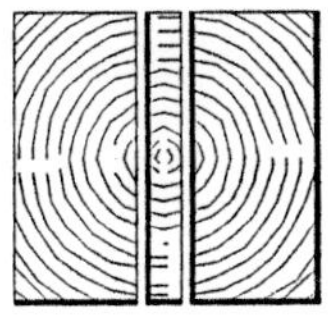

KVH-Si kernfrei

Konstruktionsholz (Lamellenholz)

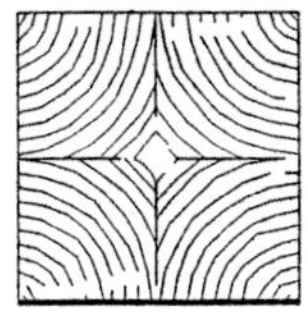

Kreuzholz

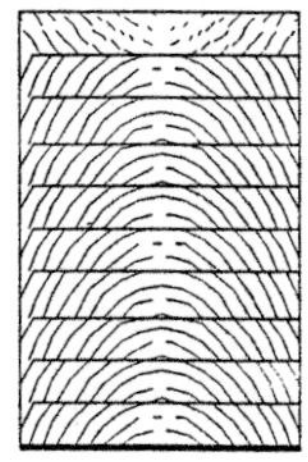

BS-Holz

Vollholz und verleimte Hölzer

Stangenlänge. Will man auf eine Keilzinkung verzichten, so liegen die Vorzugslängen zwischen 5 m und 7,50 m.
Entgegen einer weit verbreiteten Meinung ist die Keilzinkung kein originäres Merkmal von Konstruktionsvollholz
Bei Querschnitten, die über die Abmessungen von 120 x 240 mm hinausgehen, sollte auf das bewährte Produkt Brettschichtholz oder auf ähnliche Produkte wie Konstruktionsholz oder Kreuzholz zurückgegriffen werden.
Unter Konstruktionsholz (z. T. auch Lamellenholz) versteht man Hölzer, die kerngetrennt oder kernfrei eingeschnitten werden und dann »Rücken an Rücken« mit einer stehenden Fuge wieder verleimt werden. Unter Kreuzholz versteht man verleimte Querschnitte, die als Viertelhölzer eingeschnitten werden, deren runde Seiten angefräst werden und die mit der Kernseite nach außen zu einem rechteckigen Querschnitt zusammengeleimt werden. Beide Produktarten weisen gegenüber Konstruktionsvollholz eine noch bessere Dimensionstabilität auf und bieten gleichzeitig eine nahezu ungestörte Vollholzoptik, vgl. 1. Abb.
Auch das Produkt Brettschichtholz (BS-Holz) verzeichnet Innovation:
Nach der Einführung der Melaminharzverleimung stagnierte die technische Entwicklung im Bereich des Brettschichtholzes einige Jahre. Ein deutlicher Innovationsschub wurde durch die europäische Normung und die begleitende Änderung des deutschen Normenwerks ausgelöst. Im Anhang A1 zur DIN 1052 werden ebenso wie im europäischen Normenwerk die Festigkeitsklassen der Brettschichthölzer in Abhängigkeit von der Festigkeitssortierung der einzelnen Lamellen angegeben. Es kann kombiniertes Brettschichtholz hergestellt werden, welches nur in den Decklamellen besonders ausgesuchte, hochfeste Lamellen erhält, wodurch der Gesamtquerschnitt trotz geringer Festigkeiten der Mittellagen wesentlich tragfähiger wird.
Parallel zu dieser Entwicklung kommt im gesamten Vollholzbereich und bei der Herstellung von Brettschichtholz oder anderen verleimten Querschnitten zunehmend eine maschinelle Festigkeitssortierung zum Einsatz. Diese maschinelle Festigkeitssortierung erleichtert die Feststellung der tatsächlichen mechanischen Eigenschaften des Naturwerkstoffs Holz. Sie führt zu einer sicheren Beurteilung der Einzelstücke und zu einer verbesserten Rohstoffausnutzung.

Holzwerkstoffe

Bei den Holzwerkstoffen konnte in den letzten Jahren ein deutlicher Innovationsschub in Deutschland verzeichnet werden. Dieser Innovationsschub wurde durch die Entwicklung in Skandinavien, Nordamerika und Großbritannien ausgelöst. Dort wurden in großem Umfang neue Holzwerkstoffe auf den Markt gebracht. Ziel der Entwicklungen waren einerseits die Verbesserungen der mechanischen Eigenschaften, andererseits die Reduzierung der Leimanteile, die Verbesserung der Ökobilanzen und die Verwendung von Massenholz-Sortimenten, deren mechanische Eigenschaften ohne weitere Veredelung für konstruktive Bauteile nur bedingt geeignet sind, z. B. der Holzart Pappel. Die Innovationen wurden durch den Handel, teilweise durch einzelne große Holzbaufirmen und Direktimporteure aufgegriffen und dadurch im Markt bekannt gemacht. Innovative Verwendungen in besonderen Hausbausystemen trugen zusätzlich zu einer raschen Marktdurchdringung bei.
Besonders erwähnenswert ist die Weiterentwicklung der eingesetzten Bindemittel. Die in den 70iger Jahren zu starken Imagebeeinträchtigungen führenden, hohen Formaldehydemissionen sind bei den modernen Holzwerkstoffen vollständig überwunden. Die Formaldehydemissionen liegen im Regelfall weit unter den zulässigen Höchstgrenzen der Emissionsklasse E1. Einige Produkte verfügen über baubiologische Gutachten.
Beim Einsatz moderner Holzwerkstoffe sind keine erhöhten Raumluftkonzentrationen von Formaldehyd gegenüber den ortsabhängigen Referenzwerten mehr gegeben.
Völlig formaldehydfreie Platten können aufgrund des natürlichen Formaldehydgehaltes des Holzes nicht hergestellt werden. Die vorhandenen Restemissionen liegen weit unterhalb der Wahrnehmbarkeitsgrenze.
Bei den neueren Holzwerkstoffe sind folgende Produkte besonders zu erwähnen:

Oriented Strand Board - OSB

Dieser Holzwerkstoff schließt die Lücke zwischen den traditionellen Spanplattenprodukten und den Sperrholzplatten. Die »Grobspanplatten« werden aus gerichteten Spänen hergestellt, deren maximale Größe ca. 35 x 75 mm bei einer Dicke von ca. 0,6 mm beträgt. Sie werden in den Deckschichten parallel zu den langen Plattenseiten ausgerichtet, die Mittellage verläuft orthogonal dazu. Dadurch entsteht ein Holzwerkstoff, der wie alle schichtweise aufgebauten Holzwerkstoffe anisotrope mechanische Eigenschaften aufweist, aber beispielsweise gegenüber der Spanplatte wesentlich feuchtebeständiger ist und bessere Festigkeitswerte aufweist. Obwohl Oriented Strand Board entsprechend europäischer Normen (DIN EN 300) produziert wird, bedarf es beim Einsatz für tragende Zwecke einer allgemeinen bauaufsichtlichen Zulassung.

Furnierschichtholz (KERTO, Microllam)

Furnierschichtholz wird aus einzelnen Furnierlagen hergestellt, wobei im Gegensatz zu Sperrholz keine oder nur sehr wenige Querlagen eingesetzt werden. Furnierschichtholz steht als großformatige Konstruktionsplatte mit Abmessungen bis zu 1 800 x 23 000 mm zu Verfügung. Daraus werden flächige Bauteile wie Rippendecken hergestellt. Bei flächigen Bauteilen muß Furnierschichtholz mit Querlagen eingesetzt werden, um Verformungen (Schüsselungen) zu vermeiden. Aus Furnierschichtholz ohne Querlagen werden nur stabförmige Bauteile hergestellt. Der Werkstoff weist gegenüber Vollholz einen deutlich erhöhten Elastizitätsmodul von bis zu 30 000 N/mm^2 auf. Furnierschichtholz ist in speziellen Anlagen auch kesseldruckimprägnierbar, so daß sogar direkt bewitterte Dachdeckungen oder Fassadenplatten hergestellt werden können. Spezielle Kesseldruckimprägnierverfahren ermöglichen die Einstufung in die Baustoffklasse B1 »schwer entflammbar« nach DIN 4102.

Furnierstreifenholz (Parallam, PSL)

Furnierstreifenholz (Parallel Strand Lumber) besteht aus ca. 16 mm breiten und ca. 3 mm dicken parallel zur Balkenlängsachse ausgerichteten, verleimten Schälfurnierstreifen. Als Holzarten werden Douglas Fir oder Southern Yellow Pine eingesetzt. Die Verleimung ist ein Phenolharz. Furnierstreifenholz wird als balkenförmiges Bauteil eingesetzt. In Deutschland ist meist ein Standardquerschnitt 483 x 280 mm verfügbar, der von Stützpunkthändlern zugeschnitten werden kann. Der Werkstoff weist Festigkeiten in der Größenordnung der besten, verfügbaren Brettschichtholz-Festigkeitsklasse BS 18 auf. Wegen der sehr guten Lochleibungsfestigkeiten des Materials können sehr kleine Anschlußbereiche hergestellt werden, so daß z. B. hochbelastete, filigrane Fachwerktragwerke hergestellt werden können. In einzelnen Fällen können Furnierstreifenholzträger auch als Ersatz für Stahlunterzüge etc. eingesetzt werden. Eine allgemeine bauaufsichtliche Zulassung liegt vor. Der Werkstoff ist in Längsrichtung wasserdurchlässig, so daß auf den Schutz von Hirnholzschnitten besonderer Wert gelegt werden muß.

Spanstreifenholz (Intrallam, LSL)

Der Werkstoff Spanstreifenholz (Laminated Strand Lumber) besteht aus verleimten Pappelspanstreifen. Die Abmessungen der Spanstreifen betragen ca. 0,80 x 25 x 300 mm. Es wird ein Polyurethan-Klebstoff verwendet. Es werden zwei unterschiedliche Festigkeitsklassen hergestellt. Aus Spanstreifenholz werden plattenförmige Werkstoffe der Dicke 32 bis 89 mm und maximalen Formaten von 2 438 x 10 700 mm hergestellt. Der Werkstoff ist feuchteempfindlicher als beispielsweise das Furnierschichtholz. Wegen seiner dekorativen Oberflächen kann er aber sehr gut in Deckenbereichen eingesetzt werden, die möglichst ohne Fugen hergestellt werden sollen. In Deutschland liegen bisher noch keine umfangreichen, konstruktiven Erfahrungen mit diesem Werkstoff vor. Es ist aber zu erwarten, daß bei verbesserter Verfügbarkeit eine ganze Reihe interessanter Anwendungsmöglichkeiten versucht werden können. Unter anderem ist der Werkstoff durchimprägnierbar. Es könnten sich dadurch Möglichkeiten für den Außeneinsatz oder für Brandschutzimprägnierungen ergeben. Aus ökologischer Sicht ist der Werkstoff vor allen Dingen deshalb interessant, weil es sich bei der Pappel um ein extrem schnell nachwachsendes Holz handelt. Der Baustoff ist allgemein bauaufsichtlich zugelassen.

Drei- und Fünfschichtplatten aus Nadelholz

Die Platten bestehen aus drei oder fünf miteinander verleimten Brettlagen, der Aufbau entspricht nahezu einem Sperrholz. Zur Verleimung werden Melaminharze und Phenolharze verwendet. Es bestehen für einige Produkte allgemeine bauaufsichtliche Zulassungen. Je nach Fabrikat werden Dicken zwischen 13 mm und 75 mm, und Formate bis zu 2 500 x 5 000 mm bzw. 2 000 x 6 000 mm hergestellt. Entsprechend der erteilten Zulassungsbescheide dürfen die mehrschichtigen Massivholzplatten als tragende und aussteifende Beplankung verwendet werden. Manche der Platten dürfen überall dort verwendet werden, wo der Einsatz von Baufurniersperrholz nach DIN 1052-1 erlaubt ist. Die massiven Schichtplatten werden auch aus resistenten Nadelhölzern, wie Douglasie und Lärche, hergestellt. Dadurch eignen sie sich bei entsprechender Fugenausbildung für großformatige Fassadenflächen, die auch unbehandelt bleiben können. Einige Hersteller bieten spezielle Verbindungsschienen aus Aluminium an, mit denen sehr feine und feuchtetechnisch sichere Fugen bei nicht sichtbaren Befestigungen ausgebildet werden können. Die Schichtplatten vereinen im besonderen Maße statische und ästhetische Funktionen.

Holzhäuser aus Dickholz-elementen in verdichteter, dreigeschossiger Bauweise. Architekten: Werkgemeinschaft H. Schröder, S. Widmann

Abschließend einige zusätzliche, besondere Hinweise zu Holzwerkstoffen:

Alle Holzwerkstoffe, die in ihren Deck- und Mittelschichten eindeutig gerichtete Faserverläufe der Furniere oder Späne aufweisen, weisen aufgrund der Anisotropie des Holzes selbst ebenfalls anisotrope Eigenschaften auf. Es ist deshalb bei Planung und Tragwerksplanung die Verlegerichtung eindeutig anzugeben und in die Werkplanung zu übernehmen.

Holzwerkstoffe sollten nur dann als bewitterte Fassadenplatten eingesetzt werden, wenn die herstellenden Firmen diese Einsatzbereiche ausdrücklich empfehlen. So sind beispielsweise spezielle Fassadenplatten aus Sperrholz sehr gut für die Außenanwendung geeignet, normale Baufurniersperrhölzer jedoch als nicht geeignet einzustufen.[8, 9, 10]

Massivholzbauweisen

Unter den Massivholzbauweisen versteht man nicht unbedingt die traditionelle Blockbauweise. Vielmehr werden bei den modernen Massivholzbauweisen Brettwaren durch Vernagelung oder Verleimung zu flächigen Massivholzelementen zusammengefügt. Es handelt sich dabei nicht um neue Erfindungen, sondern das Wiederentdecken und Weiterentwickeln alter Holzbauweisen.

Die wichtigste Konstruktionsart ist die Brettstapelbauweise, die durch Prof. Natterer, ETH Lausanne, im besonderen Maße wieder bekannt gemacht wurde. Dabei werden Bretter durch Vernagelung zu flächigen Bauteilen aneinandergefügt. Ursprünglich wurde diese Idee erneut verfolgt, um die in den Sägewerken in großen Mengen anfallenden Sortimente sogenannter Seitenwaren zu verarbeiten. Der Einsatz dieser Brettwaren ist im allgemeinen jedoch nur für nicht sichtbare Brettstapelelemente geeignet. Heute werden häufig - insbesondere für sichtbare Brettstapelelemente - besondere Sortimente eingeschnitten. Brettstapelelemente können für Wand-, Dach- und Deckenelemente gleichermaßen eingesetzt werden, vgl. 2. Abb.

Die besonderen Vorteile der Brettstapelbauweise sind:

- Realisierung größerer Spannweiten mit deutlich reduzierten Bauhöhen,
- positive Beiträge zum sommerlichen Wärmeschutz,

Gebäude in Brettstapelbauweise.
Wand-, Decken- und Dachelemente aus BSD

- hervorragende Ökobilanz durch die große Kohlenstoffspeicherung und die sehr niedrigen Energieverbräuche bei der Herstellung.

Durch die Nagelung der Bretter untereinander weisen Brettstapelelemente ein »gutmütiges« Schwind- und Quellverhalten auf, da zunächst jedes Brett für sich selbst schwinden und quellen kann. Die Einbaufeuchte solcher Massivbauteile sollte nicht unter den zu erwartenden Ausgleichsfeuchten im Bau- und Endzustand liegen.

Die Brettstapelbauweise ist praktisch durch alle Zimmereibetriebe anwendbar. Patentrechte oder Lizenzierungen bestehen nicht. Während bei den ersten, zum Teil noch experimentellen Bauten mit Brettstapelelementen das Vernageln der Brettwaren meist per Hand erfolgte, werden heute zunehmend automatische, mechanisierte Nagelungseinrichtungen verwendet.

Dach- und Wandaufbauten werden im Regelfall mit Außendämmungen versehen. Die winddichte, dampfbremsende Schicht wird dabei zwischen Massivholzelement und Dämmung eingebaut. Es ist bei allen Massivholzbauteilen darauf zu achten, diese Schicht luftdicht an alle begrenzenden Bauteile anzuschließen, da die meisten Massivholzbauweisen in ihrer Ebene luftdurchlässig sind.

Schalltechnisch dürfen von den Massivholzbauweisen keine Wunder erwartet werden. Bei vergleichbaren Schichtaufbauten werden gegenüber dem traditionellen Holzbauelementen vergleichbare oder geringfügig darüberliegende Schallschutzeigenschaften erreicht. Die höheren Biegesteifigkeiten der Brettstapelelemente werden durch die erhöhten Massen leider nicht kompensiert.[11]

Die Brettstapelbauweise wird meist als Deckenbauteil in Kombination mit Holzrahmenbau oder Holztafelbauelementen eingesetzt. Es sind damit Spannweiten von 5,50 m - 6,0 m bei Bauteildicken von max. 180 mm erreichbar. Bei sehr großen Deckenspannweiten werden Brettstapel-Beton-Verbundbauteile eingesetzt. Bei diesen Verbundbauteilen dient das Brettstapelelement zunächst als Schalung für den Aufbeton, nach Herstellung des Verbundes als »Zugebewehrung«. Derartige Brettstapel-Beton-Verbunddecken können bis zu 12,0 m frei gespannt werden.[12]

Neben der Brettstapelbauweise kommen in gleicher Bauart verleimte Elemente zum Einsatz. Sie weisen im Prinzip die gleichen Eigenschaften auf, sind jedoch bezüglich ihres Quell- und Schwindverhaltens kritischer, da sich die Schwind- und Quellmaße über die gesamte Elementbreite addieren. Um dieses negative Verhalten zu kompensieren, sind einige Hersteller dazu übergegangen, die einzelnen Brettlagen orthogonal zueinander zu verleimen. Die Bretter werden teilweise auf Lücke verleimt, so daß innerhalb des Elementes Hohlräume entstehen, die z. B. zur Verlegung von Kabeln dienen können (Lignotrend). Andere Hersteller verleimen die Bretter dicht gestoßen und erhalten so Massivholzelemente ohne Hohlräume (Merk Dickholz). Durch spezielle Leimverfahren (Vakuumverleimung) können sehr großformatige Bauteile hergestellt werden, die in den äußeren Schichten durch Holzwerkstofflagen ergänzt werden können, vgl. 3. Abb.

Trägersysteme

Eine auf den ersten Blick gegenläufige Entwicklung zu den Massivholzbauweisen ist die zunehmende Anzahl von Doppel-T-Träger-Systemen aus Holz und Holzwerkstoffen. Hier werden aus Vollholz- oder Holzwerkstoffgurten und Vollholz- oder Holzwerkstoffstegen Doppel-T-Träger zusammengeleimt, die sehr formstabil sind und mit großen Bauhöhen hergestellt werden können. Diese Elemente eignen sich in besonderem Maße für die Herstellung von Bauelementen der wärmedämmenden Hülle, da durch die schmalen Stege die Wärmebrücken minimiert werden. Es können so einschalige, kostenoptimierte Bauteile hergestellt werden.

Soweit die Träger für tragende Zwecke eingesetzt werden, müssen sie über eine allgemeine bauaufsichtliche Zulassung verfügen.

Hausbausysteme

Neben den Entwicklungen auf der Werkstoffseite haben einige Systementwicklungen für Innovationen im Holzhausbau gesorgt. Pionierarbeit wurde sicher durch die Bücher »Holzrahmenbau«[13, 14] des Bundes Deutscher Zimmermeister geleistet. Hier sind die wesentlichen Konstruktionsmerkmale des Holzrahmenbaus zusammengefaßt. Daraus entstandene Weiterentwicklungen wie das LBS-Ökohaus (System 815) förderten gleichzeitig die Entwicklung. Daneben bestehen eine Reihe von Systementwicklungen, die an besonderen Firmenprodukten ausgerichtet sind. Diese Systementwicklungen sind erfreulicherweise nicht auf ein Typenhaus oder Fertighaustypen ausgerichtet, sondern stellen im Zusammenhang mit Produktinformationen Bemessungstabellen, Detaillösungen und Ausschreibungstexte zur Verfügung. Dies führt bei den im Holzbau oft unerfahrenen Planern zu einer neuen Systemsicherheit und damit zu preiswertem und detailsicherem Bauen. Einige Beispiele dazu sind in der Literaturliste angegeben.[15 - 20]
Zur Erreichung eines hohen Qualitätsstandard sind jedoch nicht nur Informationen für die Planer erforderlich, sondern im gleichen Umfang präzise Detailinformationen für die Ausführenden. Diese Produkt- und Detailinformationen werden in den kommenden Jahren nach und nach in der Mappe »Technik« des Bundes Deutscher Zimmermeister zusammengefaßt werden.[21]

Wohin führt der Weg?

Auf der Grundlage der oben genannten Produktinnovationen und der zunehmenden System- und Detailinformationen im Holzhausbau wird es sicherlich noch eine ganze Reihe weitere Innovationen in Zukunft geben.

Durch die laufenden nationalen und internationalen Normungsaktivitäten im Holzbau werden üblicherweise eine große Anzahl von Forschungsaktivitäten ausgelöst. So müßten im Rahmen dieser Aktivitäten beispielsweise die Bemessungen von Dach-, Wand- und Deckenscheiben im Holzbau konkretisiert und verfeinert werden und die modernen Holzwerkstoffe in den Bemessungskonzepten, z. B. bei der Bemessung von Anschlüssen unter Verwendung dieser Werkstoffe, berücksichtigt werden.
Die Anwendung von Holz und Holzwerkstoffen in Fassaden wird wieder zunehmen. Dazu bedarf es jedoch einer zunehmend gestalterischen und technischen Auseinandersetzung mit dem Problemfeld »Fuge«. Einige richtungsweisende Systementwicklungen sind bereits auf dem Markt.[22] Es bedarf aber an dieser Stelle weiterer, allgemeingültiger Entwicklungsarbeit. Besonders zu berücksichtigen sind dabei die Schnittkanten der Holzwerkstoffe, die mit besonderen Verfahren versiegelt werden müssen.
In diesem Zusammenhang sind auch die Beschichtungen für Fassadenbauteile zu verbessern. Zu häufig werden noch Beschichtungen auf dafür nicht geeigneten Holzoberflächen (z. B. gehobelter Brettware) aufgebracht oder falsche Beschichtungssysteme verwendet. Hier sind die Holzwerkstoffindustrie und die Hersteller von Beschichtungssystemen zur intensiven Zusammenarbeit aufgefordert.
Bei aller Euphorie für Fassaden aus Holz oder Holzwerkstoffen müssen die Anforderungen des vorbeugend baulichen Brandschutzes sorgfältigst beachtet werden.
Außerdem müssen sich alle am Bau Beteiligten darüber klar sein, daß Holz und Holzwerkstoff-Fassaden mit Blick auf die Ebenheitstoleranzen als »rauhe Fassaden« zu charakterisieren sind. Eine völlig ebene Fassadenfläche, wie sie vielleicht bei Glasfassaden entstehen kann, ist bei Holzfassaden wegen der klimabe-

Dickholzelement bei der Montage, außenseitig Furnierschichtholzplatte als Fassadenplatte aufgeleimt. Werkfoto: Merk, Aichach

dingten Feuchteschwankungen im Werkstoff nicht realisierbar. Bei den Fassaden, aber auch bei allen anderen Produkten werden sicher zunehmend Systemanbieter, z. B. von Fassaden- oder Wandsystemen, von Dachsystemen u. ä. auf dem Markt erscheinen. Dies ist bis zu einem gewissen Grad auch sinnvoll, da gerade durch Systemlösungen die schwierigen Detailpunkte (Anschlüsse, Übergänge, Einbauten) gelöst werden können.
Es wird in Zukunft immer weniger Sinn machen, jedes einzelne Detail »neu zu erfinden«, sondern es wird gerade im Sinne von preiswertem, qualitätsgesichertem Bauen notwendig sein, auf Systemlösungen zurückzugreifen. Da diese Systemlösungen idealerweise auf die Gestaltung des Bauwerks keinen Einfluß haben, schränken sie die Kreativität nicht ein, sondern sind hier eher förderlich.

Man kann weiter davon ausgehen, daß zukünftig gerade in Verbindung mit Massivholzbauweisen vermehrt Verbund- oder Mischbauweisen auftreten werden. Dies betrifft sowohl Mischbauweisen innerhalb des Holzbaus selbst, d. h. die Kombination von Massivholzbauteilen mit »Leichtbau«-Elementen, als auch die Verbindung von Beton- und Holzbauweisen. Die massiven Bauteile im Inneren können für eine Optimierung des Raumklimas sorgen, während die hoch wärmegedämmte Hülle den wesentlichen Beitrag zur Energieoptimierung der Gebäude erbringen wird. Die mit Mischbauweisen erzielbaren, größeren Spannweiten führen zu einer großen gestalterischen Freiheit, die den Holzbau auch für jene Kreise attraktiv machen wird, die sich heute aus diesen Gründen fast ausschließlich mit Beton- oder Stahlbauten beschäftigen.
Die aus Umweltschutzgründen zwingend erforderliche, weitere Reduktion des Energiebedarfs von Gebäuden wird außerdem die Passivbauweise stark fördern. Hier liegt für den Holzhausbau eine einzigartige Chance. Mit kaum einem anderen Baustoff sind hochdämmende Außenbauteile so einfach zu realisieren, sind Minimierungen von Wärmebrücken so unproblematisch durchzuführen wie mit Holzbauteilen. Um diese Chance zu nutzen, wird man jedoch wissenschaftlich nachweisen müssen, daß diese Gebäude auch in bezug auf den sommerlichen Wärmeschutz optimiert werden können.
Um alle diese Ziele zu erreichen, wird es notwendig sein, daß der Planung von Gebäuden wieder mehr Aufmerksamkeit geschenkt wird. Eine technische und kostenrelevante Optimierung kann nur dann stattfinden, wenn genügend Aufwand in eine qualifizierte Planung gesteckt wird. Wer zu wenig plant, wird zwangsläufig immer teurer bauen. Ein Teil der Planungsarbeiten kann durch die oben bereits erwähnten Systemanbieter erleichtert werden, wird jedoch nicht vollständig ersetzt werden können. Hier sind Planer und ausführende Firmen in Zusammenarbeit mit ihren Bauherrschaften gemeinsam zur Innovation aufgerufen.
Ebenfalls in diesem Zusammenhang ist die notwendige Gütesicherung der Ausführung zu beachten. Auch für den handwerklichen Holzhausbau wird es daher in Zukunft Gütesicherungssysteme geben. Zum Zeitpunkt der Veröffentlichung dieses Buches formieren sich gerade solche Zusammenschlüsse zur Gütesicherung. Es wird an der Bauherrschaft liegen, die Teilnahme ihrer Auftragnehmer an Verfahren zur Gütesicherung einzufordern. Die Gütesicherung im Holzhausbau darf dabei nicht nur den reinen Holzbau betreffen, sondern muß insbesondere die richtige bauphysikalische Detailausführung sicherstellen.
Mit der Gütesicherung einhergehen wird die Deklaration der für den Bau verwendeten Werkstoff- und Herstellungsverfahren. Zusätzlich werden die Energieverbräuche dokumentiert werden. Die Deklaration der Inhaltsstoffe ist sicher nicht nur für den Holzbau von Bedeutung, wird ihm aber bei rechtzeitiger Beachtung einen weiteren Innovationsvorsprung vor den anderen Bauweisen einräumen. Erste Ansätze für derartige Gebäudebriefe sind bereits in Bearbeitung.[23]

Weitere Innovationen sind nicht nur im Holzbau selbst zu suchen, sondern ebenso in den begleitenden Berufen und Gewerken. So ist beispielsweise die Integration der Haustechnik im Fertigungsablauf ein entscheidender Punkt, der nicht nur bei elementierten Bauweisen dringend gelöst werden muß.
Aus den ohne Anspruch auf Vollständigkeit aufgelisteten Themengebieten ist erkennbar, daß eine zukünftige erfolgreiche Entwicklung im Holzhausbau nicht die Aufgabe einzelner oder kleiner Gruppen sein wird, sondern eine intensive Zusammenarbeit aller beteiligten Kreise notwendig macht. Soweit diese zustande kommt, weist der Holzhausbau ein enormes Entwicklungspotential auf, das nach unserer Einschätzung weit über dem Innovationspotential der anderen Baustoffe liegt.
Und das alles mit einem nachwachsenden Rohstoff!

Holzhäuser aus Dickholzelementen in verdichteter, dreigeschossiger Bauweise.
Architekten: Werkgemeinschaft H. Schröder, S. Widmann

ANHANG

Quellen und Literatur

Stichwörter

Architekten

Fotografen

Firmen

Quellen und Literaturverzeichnis

Bauen mit Holz - Ein wirkungsvoller Beitrag zur Ökologie von Alfred Wenke

INFORMATIONSDIENST HOLZ, Holz - ein Werkstoff mit Zukunft.
INFORMATIONSDIENST HOLZ, Erstellung von ÖkobilanzenLiteratur.

1 Schilling, W., 1993, Ist Lehmbau Umweltschutz? Information Lehmbautage 1993, Verein zur Förderung der Lehmforschung, Aachen.

2 Frühwald A., Welling H., 1994, Ökobilanz Holz - Eine Herausforderung für die Zukunft. Die Holzschwelle, Heft 103.

3 Weller K., Rehberg S., 1989, Lösungsansätze für den energie- und rohstoffsparenden industrialisierenden Wohnungsbau. TU-Berlin, Fachbereich Architektur.

4 Richter K., Sell J., 1992, Ökobilanzen von Baustoffen und Bauprodukten aus Holz. EMPA Bericht 115/24 Zürich.

5 Frühwald A., Scharai-Rad M., Hasch J., 1997, Erstellung von Ökobilanzen für die Forst- und Holzwirtschaft, Informationsdienst Holz.

6 ZMP-Bilanz, 1996, Forst und Holz, Bonn, Zentrale Markt- und Preisberichtsstelle.

7 Marutzky, R., 1996, Qualitätsanforderungen und Entsorgungswege für Rest-und Gebrauchshölzer. In: Marutzky/Schmidt (Hrsg.), Alt- und Restholz. Düsseldorf, VDI-Verlag.

8 INFORMATIONSDIENST HOLZ Holzbauhandbuch, Bauen mit Holzwerkstoffen, 1997, ARGE Holz e. V. (Hrsg.), Düsseldorf.

9 INFORMATIONSDIENST HOLZ Holzbauhandbuch, Bauen mit Holzwerkstoffen, 1997, ARGE Holz e. V. (Hrsg.), Düsseldorf.

Bauen mit Holz - Entwicklungen im Holzbau von Stefan Winter

1 DIN 4074: Sortierung von Nadelholz nach der Tragfähigkeit (9/1989).

2 DIN 68 365: Bauholz für Zimmerarbeiten - Gütebedingungen (11/1957).

3 DIN 18 334: VOB Verdingungsverordnung für Bauleistungen, Teil C: Allgemeine Techn. Vertragsbedingungen f. Bauleistungen (ATV) - Zimmer- und Holzbauarbeiten. (12/92).

4 DIN 1052, Teil 1 - 3: Holzbauwerke (4/1988).

5 Glos, P., Radovic, B., Winter, S.: INFORMATIONDIENST HOLZ - holzbau handbuch Reihe 4, Teil 2, Folge 1 Konstruktionsvollholz. Arbeitsgemeinschaft Holz e. V., Düsseldorf, Oktober 1997.

6 DIN 68 800-2: Holzschutz - Vorbeugende bauliche Maßnahmen im Hochbau (5/96).

7 DIN 68 800-3: Holzschutz - Vorbeugender Chemischer Holzschutz (4/90).

8 INFORMATIONSDIENST HOLZ - holzbau handbuch Reihe 1 Entwurf und Konstruktion, Teil 1 Allgemeines, Folge 3 Bauen mit Holzwerkstoffen. Arbeitsgemeinschaft Holz e. V., Düsseldorf, Bundesverband Deutscher Holzhandel e. V., Wiesbaden, Mai 1997.

9 INFORMATIONSDIENST HOLZ - holzbau handbuch Reihe 4 Baustoffe, Teil 4 Holzwerkstoffe, Folge 1 Konstruktive Holzwerkstoffe. Arbeitsgemeinschaft Holz e. V., Düsseldorf, Bundesverband Deutscher Holzhandel e. V., Wiesbaden, Oktober 1997.

10 INFORMATIONSDIENST HOLZ - Produktdatenblätter Holzwerkstoffe Nr. 1, 2, 4 bis 8, Loseblattsammlung. Arbeitsgemeinschaft Holz e. V., Düsseldorf. Oktober 1997.

11 Holtz, F.; Buschbacher, H. P.; Rabold, A.: Schallschutzversuche an Holzbalken- und Brettstapeldecken. Tischvorlage zum BDF-Projekt I + II. Labor für Schallmeßtechnik, Stephanskirchen. 1997 (unveröffentlicht).

12 INFORMATIONSDIENST HOLZ - Die Brettstapelbauweise. Sonderdruck aus bauen mit holz, auszugsweise aus 1/97 und 2/97.

13 Bund Deutscher Zimmermeister e. V, Bonn: Holzrahmenbau. Bruderverlag, Karlsruhe, ISBN 3-87104-074-6. 1989.

14 Bund Dt. Zimmermeister e. V. Bonn: Holzrahmenbau mehrgeschossig. VZB-Verlag, Neu-Isenburg, ISBN 3-9805025-0-3. 1996.

15 Heraklith Systembauweise. Deutsche Heraklith GmbH, Postfach 11 20, 84353 Simbach, Fax: 08571-40-251.

16 Brügmann Fassadensystem. W. Brügmann & Sohn GmbH, Kanalstrasse 80, 44147 Dortmund, Fax: 0231-9986-259.

17 Glunz Architektenordner. Glunz AG - Werk Göttingen, Industriestrasse 1, 37079 Göttingen, Fax: 0551/5062-404.

18 Isoroy Produktinformation Holzweichfaserplatten. ISOROY Deutschland, Siemensstrasse 8, 77694 Kehl am Rhein, Fax: 07851-946899.

19 HIWO Holzindustrie Waldburg zu Wolfegg GmbH & Co.KG, Grimmenstein 10, 88364 Wolfegg, Fax: 07527-968-129.

20 Brand- und Schallschutz. Konstruktionen mit isofloc. Technische Information. Dieselstrasse 5, 37235 Hessisch Lichtenau. Fax: 05602/9363-80.

21 Bund Deutscher Zimmermeister e. V., Bonn: Technik im Zimmerhandwerk. VBZ Verlag, Neu-Isenburg. Februar 1997.

22 K1-multiplan, Fassadensystem. Kaufmann Holzbauwerk, Bregenzerwald, A-6870 Reuthe/Österreich, Fax: +43 5514-3468.

23 Gebäudebrief des Arbeitkreis Ökologischer Hausbau e. V., 32051 Herford (unveröffentlicht).

Stichwörter-verzeichnis

Architekten

Lindsay & Kerry Clare
Clare Design
Maroochydore South 4588
Queensland - Australien

Georg Driendl
Mariahilferstraße 9
A-1060 Wien

Volker Giencke
Schönbrunngasse 73
A-8010 Graz

Lengacher und Emmenegger
Riffigstraße 30
CH-6020 Emmenbrücke

Martin Kunath
Gumpendorfer Straße 3/7
A-1070 Wien

Zimmermeister Walter Maier (Ausführung)
Gapp Holzbau
Eihinger Straße 12
D-89614 Öpfingen

Kazuhiko Namba+Kai Workshop
3-16-10 Jingu Mae Shibuya-Ku
Tokyio, Japan 150

Titus Pernthaler
Friedrichgasse 6-5-21
A-8010 Graz

Sturm und Wartzek
Wilhelm-Ney-Straße 22
D-36160 Dipperz

Büro 4, Stefan Wagner, Franz Wanner
Barhtl-Mayer-Weg 8
D-85386 Dietersheim

werk.um
Mornewegstraße 30
D-64293 Darmstadt

Sampo Widmann
Goethestraße 34
D-80336 München

Hans Peter Wörndl
Dornbacherstraße 107
A-1170 Wien

Fotografen

Ein »Clares« Haus	Reiner Blunck, D-Tübingen
Einfachheit als Prinzip	Thomas Ott, D-Darmstadt werk.um, D-Darmstadt Manfred Fischer, D-Roßdorf
Terrassen und mehr	Paul Ott, A-Graz Archiv Giencke, A-Graz
Der »GucklHupf«	Paul Ott, A-Graz Antje Lehn, A-Wien Hans Peter Wörndl, A-Wien
Allein unter Wilden	Wilfried Dechau, D-Stuttgart
Rauh und wohnlich	James H. Morris, GB-London Georg Driendl, A-Wien
Box House - I	Hiroyasu Sakaguchi A to Z, N-Tokyo
Einfach Holz	Alexander Trage, D-Nürnberg Sturm/Wartzek, D-Dipperz
Rückgrat aus Beton	Martin Kunath, A-Wien Norbert Erlach, A-Wien Jakob Fina, A-Wien
Drei auf einmal	Paul Ott, A-Graz Archiv Pernthaler, A-Graz
Sieben mal Holz	Ulrike Myrzik, D-München Büro 4, S.Wagner,F.Wanner. D-Dietersheim
Kompaktes Wohnen	Daniel Meyer, CH-Luzern
Wohnen in der Siedlung	Sampo Widmann, D-München
Mehr als ein Trend	werk.um, D-Darmstadt
Ein wirkungsvoller Beitrag zur Ökologie	Ulrike Myrzik, D-München Sampo Widmann, D-München Herbert Meyer-Sternberg, D-München
Kostengünstiges Bauen	Sampo Widmann, D-München
Entwicklungen im Holzbau	Stefan Winter, D-Lauterbach Merk Werkfoto, D-Aichach

Firmen

Ein »Clares« Haus	Terry McLardy and Gordon Winch, AUS-Buderim
Einfachheit als Prinzip	Dickert Holzbau GmbH & Co.KG. Schlitzerstraße 22-24, D-36110 Schlitz/Willofs
Terrassen und mehr	Baugesellschaft mbh Hoch-Tief-Holzbau Riegen, A-9462 Bad St. Leonard
Der »GucklHupf«	Fa. Heuberger, Holzbau, A-Thalgau, Salzburg
Allein unter Wilden	Gapp Holzbau, Eihinger Straße 12 D-89641 Öpfingen
Rauh und wohnlich	Zimmerei Marth, A-6141 Schönberg
Einfach Holz	Fa. Schmidt, Zimmerei und Holzbau D-Lauterbach/Maar Fa. Visatec, Zimmerei und Holzbau D-Rothenburg a. d. Fulda
Rückgrat aus Beton	Zimmerei Hans Kronels, A-2392 Sulz/Wienerwald Tischler Johann Stummer, Wienerstraße 48, A-3433 Königstetten
Drei auf einmal	Baumeister A. Zotter, A-8811 Scheifling 242
Sieben mal Holz	Zimmerei Ludwig Graf, D-Mauen b. Freising Schreinerei Fa. Georg Maier, D-Kumhausen/Landshut
Kompaktes Wohnen	Fa. H. Rupli, Ch-Hallau Zimmerei Höfliger, Ch-Büron
Wohnen in der Siedlung	Merk Holzbau, D-Aichach